ACCESO GRATIS ***a la Lectura en la Nube***

Para visualizar el libro electrónico en la nube de lectura envíe junto a su nombre y apellidos una fotografía del código de barras situado en la contraportada del libro y otra del ticket de compra a la dirección:

ebooktirant@tirant.com

En un máximo de 72 horas laborales le enviaremos el código de acceso con sus instrucciones.

ACCIONES COLECTIVAS EN EL CÓDIGO NACIONAL DE PROCEDIMIENTOS CIVILES Y FAMILIARES

ACCIONES COLECTIVAS EN EL CÓDIGO NACIONAL DE PROCEDIMIENTOS CIVILES Y FAMILIARES

Javier Ignacio Camargo Nassar

tirant lo blanch
Mexico, 2024

En caso de erratas y actualizaciones, la Editorial Tirant lo Blanch publicará la pertinente corrección en la página web www.tirant.com/mex/.

Este libro será publicado y distribuido internacionalmente en todos los paises donde la Editorial Tirant lo Blanch esté presente.

La presente obra ha sido dictaminada y aprobada para su publicación con el sistema de revisión de pares ciegos por el Comité Editorial de Tirant lo Blanch.

© TIRANT LO BLANCH
DISTRIBUYE: TIRANT LO BLANCH
Av. Tamaulipas 150, Oficina 502
Hipódromo, Cuauhtémoc, CP 06100, Ciudad de México
Telf: +52 1 55 65502317
infomex@tirant.com
www.tirant.com/mex/
www.tirant.es
ISBN: 978-84-1056-152-6

Si tiene alguna queja o sugerencia, envíenos un mail a: *atencioncliente@tirant.com*. En caso de no ser atendida su sugerencia, por favor, lea en *www.tirant.net/index.php/empresa/politicas-de-empresa* nuestro procedimiento de quejas.

Responsabilidad Social Corporativa: http://www.tirant.net/Docs/RSCTirant.pdf

Índice

Introducción y cronología

El 29 julio 2010 se publicó un decreto en el Diario Oficial de la Federación que adicionó un tercer párrafo al artículo 17 de la Constitución Mexicana que dice lo siguiente: "El Congreso de la Unión expedirá las leyes que regulen las acciones colectivas. Tales leyes determinarán las materias de aplicación, los procedimientos judiciales y los mecanismos de reparación del daño. Los jueces federales conocerán de forma exclusiva sobre estos procedimientos y mecanismos".

En cumplimiento de lo dispuesto por este artículo, mediante otro decreto publicado el 30 de agosto del 2011 en el Diario Oficial de la Federación, se incorpora a nuestra legislación las Acciones Colectivas adicionando al Código Federal de Procedimientos Civiles (en adelante CFPC) el Libro Quinto, denominado "De las Acciones Colectivas" integrado por los artículos 578 a 625.

Posteriormente, en cumplimiento de diversa disposición constitucional, se redactó el Código Nacional de Procedimientos Civiles [El Código Nacional o CNPC], publicado el 7 de junio de 2023, que abroga el Código Federal de Procedimientos Civiles y en consecuencia el capítulo en el que se regula en este Código las acciones colectivas.

De esta manera las acciones colectivas se encuentran reglamentada en el Código Federal de Procedimientos Civiles que permanecerá vigente hasta que entre en vigor el Código Nacional de aplicación en toda la República Mexicana.

En vista de que en los artículos transitorios de este último se establece un plazo de hasta cuatro años para la entrada su vigor en las entidades federativas de la república, al escribir este libro me baso en las disposiciones del Código Nacional, con la observación de que las acciones que se inicien antes de la entrada en vigor del nuevo código, se regulan por el Código Federal de Procedimientos Civiles, para el que escribí en 2013 un libro distinto llamado *Procedimiento para promover Acciones Colectivas,* al que debemos recurrir en cado de intentar alguna acción antes de la entrada en vigor del nuevo Código.

También debemos tomar en cuenta que estos procedimientos de acciones colectivas corresponden al ámbito federal y que el artículo segundo transitorio del DECRETO POR EL QUE SE EXPIDE EL CÓDIGO NACIONAL DE PROCEDIMIENTOS CIVILES Y FAMILIARES establece que en el Orden Federal entrará en vigor "... de conformidad con la Declaratoria que indistinta y sucesivamente realicen las Cámaras de Diputados y Senadores que integran el Congreso de la Unión, previa solicitud del Poder Judicial de la Federación, sin que la misma pueda exceder del 1° de abril de 2027".

Capítulo Primero

Acciones colectivas

Contenido: 1. Introducción. 2. Derechos que tutelan las Acciones Colectivas. 3. Clases de Acciones Colectivas. 4. Objeto de las acciones colectivas. 5. Legitimación activa para ejercer acciones colectivas (Artículo 862). 6. Legitimación en la causa. 7. La Legitimación en el proceso.

1. INTRODUCCIÓN

El contenido de los artículos que regulan las acciones colectivas tiene por objeto definir algunos conceptos relacionados con esta figura; establecer los requisitos de procedencia y la forma como debe tramitarse un procedimiento, que por su propia naturaleza requiere de reglas especiales.

El propósito es establecer mecanismos para hacer efectivos mediante acciones especiales los derechos de grupo –de la colectividad– ante los tribunales. Recordemos que en el transcurso de la construcción de las instituciones del derecho procesal civil hemos establecido medios idóneos para hacer efectivos los derechos individuales y en base a ello, hemos creado una concepción tradicional del derecho procesal para atender conflictos de intereses particulares.

Ahora, ante la transformación social se han presentado fenómenos que el Derecho debe regular y proteger, incluyendo estos derechos de la colectividad llamados "DE TERCERA GENERACIÓN".

Frente a la concepción tradicional de las acciones del derecho procesal civil, cuyo titular se encuentra perfectamente determinado y pretenden la satisfacción de un interés individual, encontramos esta clase de acciones que pretenden proteger intereses de grupo, es decir, derechos o intereses cuya titularidad corresponde a una colectividad (a los miembros en su conjunto) y de ahí que tomen este nombre de acciones colectivas, en donde el objeto de protección no es el sujeto considerado en forma individual, sino el derecho que pertenece a una colectividad o grupo de individuos.

Así lo recoge esta resolución del Cuarto Tribunal Colegiado del 1er. Circuito (Registro Digital IUS 169862) que cito su contenido porque explica con claridad lo escrito en el párrafo anterior:

"El ejercicio de las acciones colectivas exige al juez adecuar el procedimiento, para adoptar los principios del proceso jurisdiccional social. En principio, el juzgador debe despojarse de la idea tradicional de los límites impuestos para la defensa de los intereses individuales o el derecho subjetivo de cada individuo, para acudir a una interpretación jurídica avanzada, de vanguardia, en la cual potencialice las bases constitucionales con los criterios necesarios para preservar los valores protegidos y alcanzar los fines perseguidos, hacia una sociedad más justa. Sólo así se pueden tutelar los intereses colectivos o difusos, pues si su impacto es mucho mayor, se requiere el máximo esfuerzo y actividad de los tribunales y considerable flexibilidad en la aplicación de las normas sobre formalidades procesales, la carga de la prueba, allegamiento de elementos convictivos, su valoración, y el análisis mismo del caso … se requiere de una simplificación del proceso y su aceleración, para no hacer cansada o costosa la tutela de estos derechos, a fin de que los conflictos puedan tener solución pronta, que a su vez sirva de prevención respecto de nuevos males que puedan perjudicar a gran parte de la población."

Las acciones colectivas son procesos iniciados ante los órganos judiciales por un grupo de personas, por medio de un representante, o entidades de gobierno, para la defensa de derechos o intereses colectivos (de grupo) o individuales, a fin de obtener una sentencia que proteja a todos los integrantes de esa colectividad.

El autor brasileño Antonio Gidi señala en la definición de las acciones colectivas los siguientes elementos:

1. Es promovida por un representante (legitimación colectiva),
2. Tiene por objeto proteger el derecho que pertenece a un grupo de personas (objeto del litigio)
3. Su sentencia obligará al grupo como un todo (cosa juzgada).

En consecuencia, los elementos esenciales de una acción colectiva, dice el autor, son:

a) la existencia de un representante

b) la protección de un derecho de grupo (colectivo) y

c) el efecto de la cosa juzgada.[1]

Es importante anotar que no se trata de las acciones que comúnmente intentamos cuando existe pluralidad de sujetos actores exigiendo el cumplimiento de una prestación derivada del incumplimiento de un contrato o de cualquier otro acto jurídico, pues éstas quedan reguladas por el Derecho en la forma en que conocemos. Las acciones colectivas se tratan de acciones especiales con características particulares y regulación propia como veremos a continuación.

---

1 Gidi, Antonio, Las Acciones Colectivas y la Tutela de los Derechos Difusos, Colectivos Individuales en Brasil: Un Modelo para Países de Derecho Civil. Instituto de Investigaciones Jurídicas, Vol. 151, 2004; University of Houston Law Center No. 2006-A-14.

2. DERECHOS QUE TUTELAN LAS ACCIONES COLECTIVAS

Según el Código estas acciones proceden para tutelar derechos cuya titularidad corresponde a una colectividad de personas (un grupo de personas en conjunto) y para la defensa de los derechos individuales cuya titularidad corresponde en forma individual a los miembros de un conjunto de personas, siempre que se encuentren en algunos de los casos que menciona el artículo 855 del Código a los que debemos agregar el que menciona el artículo 865.

De esta manera las acciones colectivas se limitan al ejercicio de los derechos derivados de los actos que enumero a continuación:

a. Consumo de bienes, públicos o privados.

b. Consumo de servicios, públicos o privados.

c. Actos relacionados con medio ambiente.

d. Los que han dañado al consumidor por concentraciones indebidas o prácticas monopólicas, declaradas existentes por la Comisión Federal de Competencias Económicas o Instituto Federal de Telecomunicaciones . (Art. 865)

Según el artículo 856 del Código Nacional este tipo de acciones proceden para tutelar derechos de una colectividad de personas, determinada o indeterminada y para el ejercicio de pretensiones individuales, cuya titularidad corresponda a miembros de una colectividad, agregando que la acción procede contra toda persona física o moral que en forma directa o indirecta haya causado un daño, independiente de que haya o no vínculo jurídico con los miembros de la colectividad.

3. CLASES DE ACCIONES COLECTIVAS

Las acciones colectivas pueden ser de tres clases según el artículo 857 del Código Nacional.

Cada una de estas acciones se define por el derecho que pretende proteger y las características distintas del grupo al que pertenecen, pero todas atienden a la protección de los intereses de un grupo de individuos (la colectividad) considerados como tal.

En esta gráfica podremos observar las clases de Acciones Colectivas que regula la legislación:

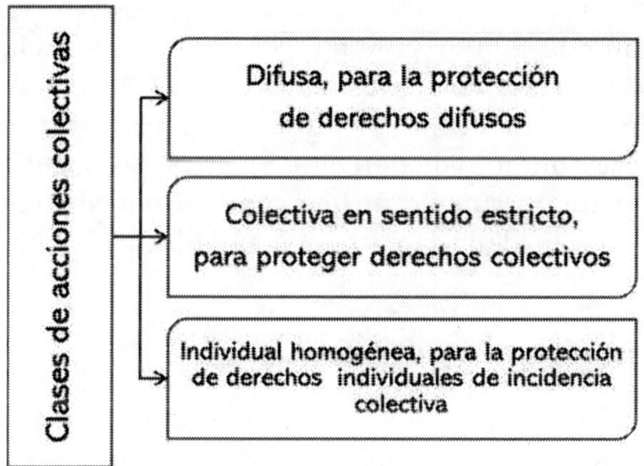

Ahora veremos en qué consiste cada una. Esta clasificación es la especie, derivada del género, que es LA ACCIÓN COLECTIVA, de manera que para evitar confusiones podemos considerarla como una clasificación o división de las que menciona el artículo 856.

1. Acción difusa

Es de naturaleza indivisible y que pretende tutelar derechos e intereses difusos, cuyo titular es una colectividad inde-terminada. En este caso no necesariamente existe vínculo jurídico alguno entre la colectividad y el demandado, pues se encuentran vinculados por alguna circunstancia de hecho. Como las personas que viven en la misma área en donde el demandado genera la contaminación y la única relación que los une es el hecho de vivir en ese lugar.

2. Acción colectiva en sentido estricto

De naturaleza indivisible que se ejerce para tutelar los derechos e intereses colectivos, cuyo titular es una colectividad determinada o determinable, que se vincula con base en circunstancias comunes de derecho. En este caso, según el artículo 857, existe un vínculo jurídico común por mandato de ley entre la colectividad y la parte demandada.

3. Acción individual homogénea

Es aquélla de naturaleza divisible, que se ejerce para tutelar derechos e intereses individuales de incidencia colectiva, cuyos titulares son individuos perfectamente determinados agrupados con base en circunstancias comunes derivadas de la celebración de un contrato con la parte demandada, como se desprende del artículo 857 del Código Nacional.

A manera de conclusión, apuntamos lo siguiente:

1. La ACCIÓN DIFUSA se ejerce para tutelar DERECHOS E INTERESES DIFUSOS, que se caracterizan por (i) ser indivisibles, y (ii) pertenecen a una colectividad indeterminada (iii) ligada entre sí por circunstancia de hecho.

2. La ACCIÓN COLECTIVA en sentido estricto tutela DERECHOS E INTERESES COLECTIVOS, que se caracterizan por (i) ser indivisibles, cuya titularidad corresponde a una (ii) colectividad determinada o determinable, (iii) vinculada entre sí o con el demandado por una relación jurídica.

3. La ACCIÓN INDIVIDUAL HOMOGÉNEA se ejerce para TUTELAR DERECHOS E INTERESES INDIVIDUALES DE INCIDENCIA COLECTIVA que se caracterizan por ser (i) divisibles, (ii) cuyos titulares son individuos bien determinados, que (iii) se agrupan en función de un contrato celebrado con la parte demandada.

Así tenemos que las acciones colectivas protegen:

1. Derechos e intereses difusos.

2. Derechos e intereses colectivos.

3. Derechos e intereses individuales de incidencia colectiva

Veremos a continuación en qué consiste cada uno de ellos (Artículo 858 del Código Nacional):

1. Derecho difuso

Es un derecho colectivo que se caracteriza porque:

1. No pertenece a un individuo en particular, concierne a un grupo de personas en general.
2. Es transindividual o supraindividual –trasciende al individuo en lo particular–
3. Es indivisible porque no es privativo de un individuo.
4. Pertenece a un grupo de personas INDETERMINADAS.
5. Personas vinculadas entre sí por CIRCUNSTANCIAS DE HECHO.

El ejemplo más claro utilizado por la Doctrina, lo encon-tramos en las cuestiones relacionadas con el medio ambiente[2] y el derecho de los consumidores.[3] Para este libro, agregaremos el derecho que todas las personas tenemos en general a una atención médica adecuada en los hospitales públicos.

Este derecho a la buena atención médica en los hospitales públicos no es privativo de una persona en particular, pertenece a todos quienes requieran de ese servicio, sin saber quién podrá ser quien lo solicite (indeterminado) y solamente les une entre si a los miembros de esa colectividad el hecho de que requirieron de esa atención en un momento determinado.

2. *Derecho colectivo en sentido estricto*

Es un derecho colectivo que se caracteriza porque:

1. NO pertenece a una persona en particular
2. Es transindividual o supraindividual e indivisible.

---

2 La contaminación que aunque perjudica en forma individual a cada persona, el conjunto de personas perjudicadas que habitan el lugar en donde se realiza la contaminación forman un grupo indeterminado, por lo que debemos proteger el derecho de todo ese grupo impreciso de personas y al resarcir el interés de una, resarcimos el perjuicio de todos, pues no podemos pensar que la solución del problema de contaminación beneficie solamente a uno de los habitantes de ese lugar, sino a todo el conjunto.

3 Como la publicación en la televisión de un anuncio publicitario de un producto que no proporciona el beneficio que se ofrece a los consumidores. Si bien cada individuo en particular se ve perjudicado por la publicación de ese anuncio, al caer en el error del beneficio que brinda este producto, la colectividad en su conjunto formada por el conglomerado de sujetos que la forman, se ve también perjudicada, y si evitamos su difusión, esto resuelve el interés de la colectividad, pues no podemos pensar que el anuncio se difunda en el televisor de una persona y en el de otras no.

3. Pertenece a un grupo de personas determinadas o que puede determinarse sin dificultad, que ven vulnerados sus derechos por una fuente común
4. Se vinculan entre sí por circunstancias DE DERECHO.

La existencia de esta relación jurídica hace que el grupo de personas al que pertenece este derecho sea más identificable o determinado que en los derechos difusos.

Utilizaremos para explicar este derecho el ejemplo de las personas afiliadas al Instituto Mexicano del Seguro Social, que es un grupo de personas determinadas o determinables, que también tienen derecho a una atención médica adecuada. Este grupo de personas, a diferencia de los derechos difusos, se refiere solo a quienes se están afiliadas a este Instituto. En cambio, en el primer caso, se refiere a todas las personas en general (no sabemos quiénes) que hacen uso de los servicios de salud que prestan las Instituciones Públicas del país.[4]

La diferencia entre los derechos difusos y los intereses colectivos en sentido estricto, aun cuando se trata de un mismo derecho, radica en lo siguiente:

i) la posibilidad de determinar o no al conjunto de individuos que conforman el grupo de personas a las que corresponde el derecho tutelado y

ii) la relación que une a los miembros de la colectividad.

En los ejemplos mencionado el derecho difuso a una atención médica adecuada en los hospitales públicos se entiende

---

4 Podemos citar también el caso de las personas que se ven afectadas por los cobros injustificados de servicios públicos, el servicio telefónico o el costo de servicios financieros. En este caso es posible determinar el número de personas que conforman esta colectividad, pues son todos aquellos que hacen uso de estos servicios.

extendido a toda persona que pueda requerir de ese servicio, sin que podamos identificar exactamente cuáles.

Además estas personas no están ligadas a esas instituciones de salud por ninguna relación de ninguna clase y a los miembros de la colectividad solamente los une entre sí el hecho de que hacen uso de los hospitales públicos.

En cambio, el ejemplo de personas afiliadas al IMSS se trata de un derecho colectivo en sentido estricto que comprende en forma exclusiva a quienes gozan de ese derecho. Los derechohabientes es una colectividad que puede ser determinada y se encuentran ligados al Instituto por razón de su afiliación al Seguro Social

La posibilidad de determinar o no el grupo de personas afectadas por la violación de un derecho no es siempre precisa, en muchas ocasiones es difícil determinarse con exactitud. Así que tendríamos que resolver cada problema en forma particular, a partir de cada asunto planteado y en algunas ocasiones incurriremos en equivocaciones por la frágil línea que divide a unos de otros.

Sin embargo, es importante resaltar que la característica común de estas dos acciones consiste en que tienden a la protección de intereses de grupo, de un interés común e indivisible, de manera que en la medida en que protegemos el interés de un miembro de la colectividad, protegemos el de todos los que conforman el conjunto, porque todos son titulares del derecho protegido.

Ahora bien, como hemos dicho, un mismo bien jurídicamente tutelado puede ser considerado un derecho difuso o colectivo en sentido estricto, dependiendo de las condiciones especiales en que se puede plantear un caso concreto.

En los ejemplos mencionados, el derecho a la atención médica adecuada de un grupo de personas indeterminadas, –el de los mexicanos en general que asistente a los hospitales públicos– es un derecho difuso; pero el derecho a la atención médica adecuada de las personas afiliadas al Instituto Mexicano del Seguro Social, es un derecho colectivo en sentido estricto, porque la colectividad que conforma este conglomerado se encuentra determinada o puede determinarse por las personas afiliadas a esa Institución y por ello la sentencia que en su caso se obtenga con el ejercicio de una acción colectiva que tenga por objeto la defensa de este derecho, beneficiará solamente a las personas que se encuentren en esa situación jurídica concreta, en tanto que en la acción difusa, el beneficio de la sentencia beneficia a un grupo de personas indeterminado.

Se trata, pues, de un mismo derecho, pero analizado desde el punto de vista de las personas que conforman la colectividad y la relación que los une, que a su vez, como adelante veremos, puede consistir en un derecho individual de incidencia colectiva.

3. Derechos e intereses individuales de incidencia colectiva

Son de naturaleza individual y divisible, de los que son titulares los integrantes de un grupo de personas que pueden reclamar su derecho mediante una acción o demanda colectiva debido a su origen común que permite su protección y defensa en forma colectiva.

Se trata de sujetos bien identificados, que pueden proteger sus derechos en forma individual, cuya característica particular es que ejercen una acción en forma conjunta, por provenir de una causa común.[5]

---

5 Según la definición de este concepto, se trata de derechos individuales que repercuten en una colectividad. Incidencia significa influencia o repercusión. Repercusión: Dicho de una cosa: Causar efecto en otra. Diccionario de la Real Academia de la Lengua Española.

Establecer la diferencia entre un derecho colectivo en sentido estricto y un derecho individual de incidencia colectiva, es en ocasiones complicado, pero ahora partiremos de que los primeros son de carácter abstracto e indivisibles. Desde el punto de vista del titular del objeto de la acción, encontramos que el derecho o el bien jurídicamente tutelado, como el derecho a una atención médica adecuada, no es privativo de un individuo en particular, porque cada una de las personas que conforman la colectividad tienen por igual el mismo derecho subjetivo, de manera que la sentencia que se obtenga para la protección de este derecho, consiste en la protección de ese derecho subjetivo, por ejemplo, el derecho a una adecuada atención médica por igual para todos.

Por su parte los derechos individuales de incidencia colectiva son derechos concretos que pertenecen en forma individual a cada una de las personas que forman el conjunto y si bien todos provienen de una causa común, la indemnización que corresponde a cada uno de los individuos puede ser distinta y específicamente determinada, porque cada uno de ellos tiene un derecho individual que puede ser distinto del de las otras personas que conforman el conglomerado.

Podemos afirmar, siguiendo la Doctrina, que en el caso de los derechos individuales de incidencia colectiva, este tipo de acciones colectivas más bien constituyen un instrumento procesal que permite ejercitar en forma conjunta, acciones que pueden ser ejercidas en forma individual. Veamos este cuadro para apreciar lo antes expuesto:

Derechos e intereses difusos	Derechos e intereses colectivos	Derechos e intereses individuales de incidencia colectiva
Carácter indivisible que corresponde a:	Carácter indivisible que corresponde a:	Carácter divisible que corresponde a:
Un grupo de personas indeterminado, que en algunos casos es determinable.	Un grupo de personas determinado o indeterminado, que puede determinarse con facilidad.	Un grupo de personas que integran una colectividad determinada.
Personas relacionadas por circunstancias de hecho.	Personas relacionadas por circunstancias de derecho.	Personas relacionadas por circunstancias de derecho. (contrato).
Prestación del servicio médico en instituciones públicas.	La prestación del servicio médico en el IMSS.	Televisión por cable.

Para insistir sobre la frágil línea que divide a unos de otros y la dificultad que en algunos casos se presenta para su identificación, debemos considerar que si bien un derecho colectivo en sentido estricto se refiere a derechos abstractos e impersonales que pertenece por igual en forma general a un grupo determinado de personas, bajo determinadas condiciones el derecho a la reparación del daño causado por el demandado a cada una de las personas que conforman esa colectividad, es concreto e individual y puede ser distinto entre una y otras, por lo que en consecuencia se trata ahora de un derecho individual de incidencia colectiva.

Insistiendo sobre el caso del derecho a la salud, podemos encontrar el supuesto de un grupo de personas que en forma individual haya contratado un seguro de gastos médicos y la compañía aseguradora se niegue a cumplir con lo pactado. Cada una de las personas que forman esta colectividad contrataron un seguro con características distintas, les une con el prestador de servicios el contrato que tienen celebrado y la acción la pueden intentar en forma colectiva o bien en forma individual.

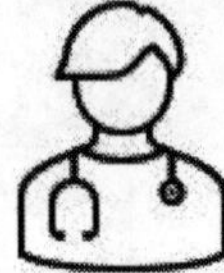

4. OBJETO DE LAS ACCIONES COLECTIVAS

Conocer el objeto de cada una de las acciones enumeradas, es decir las prestaciones que pueden reclamarse en cada una de ellas, sirve también para entenderlas. Estas acciones, llamadas a la defensa de los denominados derechos humanos de tercera generación o demandas colectivas, tienen por objeto reclamar del demandado ante la autoridad judicial las siguientes prestaciones: (Artículo 857 Código Nacional)

1. En la acción difusa

La reparación del daño *causado a la colectividad*, consistente en la restitución de las cosas al estado que guardaban antes de la afectación, o el cumplimiento sustituto de acuerdo a la afectación de los derechos o intereses de la colectividad.

En el ejemplo que hemos mencionado sobre la contaminación del agua de un rio, la reparación del daño consiste en realizar los actos necesarios para su limpieza y abstenerse desde luego además de continuar realizado tal contaminación.

Si no es posible la primera, entonces el demandado deberá, en sustitución, realizar las acciones necesarias para reparar el daño causado.

En el ejemplo de la violación del derecho colectivo difuso a una buena atención médica, la acción tendrá por objeto que se el prestador del servicio realice las acciones necesarias para brindar un servicio adecuado, tal como la hacía antes de la afectación, como la contratación del personal, renovación de equipo y las instalaciones.

2. En la acción colectiva en sentido estricto

La *reparación del daño causado* consistente en la realización de una o más acciones o abstenerse de realizarlas y *cubrir los daños en forma individual* a los miembros del grupo, que deriva de un vínculo jurídico común existente por mandato de ley entre la colectividad y el demandado.

En una acción de esta naturaleza, derivada de la negativa del demandado de prestar atención médica adecuada a cada miembros de una colectividad, la reparación del daño consiste en prestar ese servicio en forma adecuada y pagar además los daños y perjuicios que causó a cada persona por su negativa.

3. En la acción individual homogénea:

El *cumplimiento forzoso de un contrato* o su rescisión con sus consecuencias y efectos según la legislación aplicable. Además de la rescisión del contrato o su cumplimiento forzoso procederá el pago de daños y perjuicios.

Veamos El siguiente cuadro para resumir lo antes expuesto:

Derechos e intereses difusos	Derechos e intereses colectivos	Derechos e intereses individuales de incidencia colectiva
Carácter indivisible que corresponde a:	Carácter indivisible que corresponde a:	Carácter divisible que corresponde a:
Un grupo de personas indeterminado, que en algunos casos es determinable.	Un grupo de personas determinado o indeterminado, que puede determinarse con facilidad.	Un grupo de personas que integran una colectividad determinada.
Personas relacionadas por circunstancias de hecho.	Personas relacionadas por circunstancias de derecho.	Relacionadas por circunstancias de derecho. (contrato).
Pretende la restitución de las cosas al estado que guardaban antes de la afectación, o el cumplimiento sustituto.	Pretende la realización de una o más acciones o abstenerse de realizarlas y el pago de daños causados en forma individual a cada miembro.	Cumplimiento o rescisión de un contrato y pago de daños y perjuicios.
Contaminación de agua	Prestación de servicios médicos en el IMSS.	Cobro excesivo en la prestación de un servicio.

5. LEGITIMACIÓN ACTIVA PARA EJERCER ACCIONES COLECTIVAS (ARTÍCULO 862)

El ejercicio de este tipo de acciones (cualquier de ellas) solamente puede iniciarse a instancia de alguna de estas entidades:

I. Entidades públicas

1. Procuraduría Federal de del Consumidor.
2. Procuraduría Federal de Protección al Ambiente.
3. Comisión Nacional para la Protección y Defensa de los Usuarios de Servicios Financieros.
4. Comisión Federal de Competencias Económicas.
5. Fiscalía General de la República.

6. Instituto Federal de Telecomunicaciones en materia de competencia económica.
7. Instituto Federal de Defensoría Pública.

II. Particulares

El representante común de la colectividad conformada por al menos quince miembros en el caso de las acciones colectivas en sentido estricto y la acción individual homogénea.

III. Asociaciones civiles (y sus correlativas o similares)

Aquellas sin fines de lucro legalmente constituidas al menos un año previo al momento de presentar la acción, cuyo objeto social incluya la promoción o defensa de los derechos e intereses de la materia de que se trate y que cumplan con los requisitos establecidos por el Código Nacional.

En el caso de las asociaciones civiles, para poder ejercer este tipo de acciones, es necesario que se encuentren inscritas en el Consejo de la Judicatura Federal. Para obtener el registro deben cumplir los siguientes requisitos: (Artículos 896)

1. Presentar sus estatutos donde se indique que su objeto social es la promoción o defensa de los derechos e intereses según la materia de que se trate.
2. Tener al menos un año de haberse constituido, y
3. Acreditar que han realizado actividades inherentes al cumplimiento de su objeto social.

Este registro es público, su información está disponible en la página electrónica del Consejo de la Judicatura Federal.

Es obligación de esta clase de asociaciones evitar que sus asociados, socios, representantes o aquellos que ejerzan cargos directivos, incurran en situaciones de conflicto de interés respecto de las actividades que realizan; dedicarse a actividades compatibles con su objeto social, y conducirse con diligencia, probidad y en estricto apego a las disposiciones legales aplicables.

Para mantener su registro la asociación debe presentar al Consejo de la Judicatura Federal un informe anual sobre su operación y actividades respecto del año inmediato anterior.

Cuando la acción sea interpuesta por los representantes a que se refieren los apartados II y III (particulares o asociaciones civiles) los representantes están obligados a informar a los miembros de la colectividad de la situación del procedimiento, por lo menos cada seis meses a través de los medios idóneos para ese efecto.

6. LEGITIMACIÓN EN LA CAUSA

Tradicionalmente clasificamos la legitimación en legitimación en la causa y legitimación en el proceso. La primera se refiere a necesidad de acreditar la titularidad del derecho que se reclama en juicio, en tanto que la segunda se refiere a acreditar la calidad con la que se comparece en juicio en caso de la representación.

El Código Nacional –dando un sentido distinto al alcance del concepto que generalmente hemos conocido– establece en el artículo 865 los requisitos para la procedencia de la legitimación en la causa, que más bien se trata de requisitos para la procedencia de la acción colectiva, en los siguientes términos:

Son requisitos de procedencia de la legitimación en la causa:

1. Que se trate de actos que dañen a consumidores o usuarios de bienes o servicios públicos o privados o al medio ambiente o de actos que hayan dañado al consumidor por la existencia de concentraciones indebidas o prácti-

cas monopólicas, declaradas existentes por la Comisión Federal de Competencia o el Instituto Federal de telecomunicaciones.

2. Que se trate de cuestiones comunes de hecho o de derecho entre los miembros de la colectividad de que se trate
3. Que existan al menos 15 miembros en la colectividad, para acciones colectivas en sentido estricto e individuales homogéneas
4. Que exista coincidencia entre el objeto de la acción ejercitada y la afectación sufrida
5. Que la materia de la litis no haya sido objeto de cosa juzgada en procesos previos con motivo del ejercicio de las acciones tuteladas en este Título.
6. Que no haya prescrito la acción, y
7. Las demás que determinen las leyes especiales aplicables.

Después de enumerarlos, a continuación, agrego una breve explicación del significado de cada uno:

6.1. Que se trate de actos que dañen a consumidores o usuarios de bienes o servicios públicos o privados o al medio ambiente o se trate de actos que hayan dañado al consumidor por concentraciones indebidas o prácticas monopólicas, declaradas existentes por la Comisión Federal de Competencia y el Instituto Federal de telecomunicaciones.

Dañar, significa causar detrimento, perjuicio, menoscabo, dolor o molestia, por lo que los actos que se imputan al demandado deben ser de esta naturaleza, es decir, deben causar detrimento, perjuicio, menoscabo, dolor o molestia o los consumidores de bienes, públicos o privados, o a los usuarios de servicios públicos o privados.

Dado que estos conceptos son fundamentales para determinar la procedencia de una acción colectiva, debemos establecer o intentar establecer, el alcance y significado, de cada uno de ellos. Los conceptos para definir son los siguientes:

1. Consumidores de bienes públicos
2. Consumidores de bienes privados
3. Usuarios de servicios públicos
4. Usuarios de servicios privados
5. Medio ambiente
6. Concentraciones indebidas o prácticas monopólicas

Tengamos presente que la acción colectiva procede solamente en caso de que nos encontremos en alguno de los supuestos que regula la Ley de ahí la importancia de establecer su significado y alcance. En todos los casos, el daño es un elemento constitutivo de la acción y en consecuencia debe quedar debidamente acreditado el daño causado con la conducta del demandado a los consumidores de bienes o usuarios de los servicios mencionados.

6.1.1. Consumidores de bienes públicos

El consumo de bienes públicos se refiere a la adquisición de artículos que se enajenan por los órganos del Estado en sus tres esferas de gobierno, federal, estatal y municipal, incluyendo sus dependencias centralizadas o descentralizadas, *como la gasolina.*

6.1.2. Consumidores de bienes privados

Por consumo de bienes privados se entiende los que se adquieren de particulares, como el gas, o cualquier otro bien que se expenda en una tienda departamental o comercio propiedad de personas físicas o morales, distintas de los órganos del Estado.

En el caso de los anuncios publicitarios, dependerá de que se oferten bienes o servicios.

6.1.3. Usuarios de servicios públicos

Para establecer quienes son usuarios de servicios públicos, debemos primero determinar qué es un servicio público, con el propósito de evitar confusiones sobre la procedencia de una acción colectiva por la prestación de un servicio que puede ser considerado o no como servicios públicos y consecuentemente determinar quién debe ser demandado en el ejercicio de esta clase de acciones.

Recordemos que en el ejercicio de una acción de esta naturaleza debe enderezarse en contra del órgano del poder público encargado de la prestación del servicio considerado como público, de manera que el tema no es cuestión menor, sino fundamental y de trascendental importancia en el proceso judicial, necesario para determinar la procedencia de la acción en razón de su objeto, ya que si intentamos una acción de esta naturaleza por el daño causado en la prestación de un servicio proporcionado por el Estado que no tenga la calidad de servicio público, la acción será improcedente.

El concepto de servicios públicos evoca la actividad del Estado en sus tres esferas de gobierno, federal, estatal y municipal, para la satisfacción de necesidades colectivas y un régimen jurídico especial, regulado por el Derecho Administrativo. No todas las actividades que realiza el poder público son servicios públicos.

La Doctrina no ha sido uniforme en determinar el concepto de servicios públicos. Los estudiosos del Derecho no han coincidido en establecer su naturaleza y alcance. Sin embargo, se reconocen cuatro criterios a través de los cuales se pretende delimitar este concepto. Estos criterios son a saber:

A. *El criterio subjetivo u orgánico*

En el que la calidad de un servicio se determina en función del órgano que proporciona este servicio; se trata de un servicio público cuando es un órgano del poder público el que realiza la actividad tendiente a la satisfacción de necesidades de la colectividad.

A simple vista este criterio parece suficiente para determinar la calidad de "público" de un servicio. Sin embargo, enfrenta el inconveniente de *que no todos los actos que realizan los órganos del Estado tendientes a satisfacer necesidades colectivas son servicios públicos,* pues algunos de ellos se refieren a la función pública, tendientes más bien a mantener la buena marcha del Estado, por ejemplo, el servicio se Aduanas, a pesar de ser una actividad realizada por los órganos del poder público, que si bien en algunos casos permite el ingreso de bienes o mercancías necesarias para satisfacer necesidades colectivas, no se trata en este caso de un servicio público, sino de una actividad que realiza el Estado en ejercicio de su potestad soberana, ejerciendo funciones de control.

B. *El criterio funcional u objetivo*

Que determina el carácter de un servicio público, en función de que trata de resolver necesidades de carácter general dentro de la colectividad. Esta opción resulta insuficiente en razón de que, si bien los servicios públicos tienden a satisfacer necesidades generales dentro de la sociedad, no todas las actividades tendientes a satisfacer esta clase de necesidades son servicios públicos. Podemos citar como ejemplo, las actividades que realizan las organizaciones de la sociedad civil que tienen como objeto satisfacer necesidades de la colectividad, pero son instituciones de carácter privado.

Sin embargo, este criterio permite establecer una de las características principales e innegables de los servicios públicos, que es precisamente que tienen por objeto satisfacer necesidades de carácter general dentro de una colectividad.

C. *El criterio jurídico*

Que considera la necesidad de que las actividades que tienden a proporcionar servicios público, deben estar reguladas por un régimen jurídico especial, diferente al del derecho privado, a fin de garantizar y reglamentar la realización permanente y eficiente de esta actividad, para asegurar la protección de los intereses de los destinatarios de los servicios.

Sin embargo, no todas las actividades que tienen por objeto satisfacer necesidades colectivas están reguladas por normas especiales propias del Derecho Administrativo y algunas actividades que están reguladas por un régimen especial, por ejemplo la prestación de servicios financieros, no están consideradas como servicios públicos.

Según algunos Doctrinarios, este criterio sin bien presenta estos inconvenientes, sirve para determinar otro de los elementos importantes para determinar el concepto de servicios públicos, que es precisamente la necesidad de que el Estado regule en forma especial las normas tendientes a la prestación de estos servicios.

D. El criterio legal

Que considera como servicios públicos aquellos que están expresamente reconocidos por la Ley con esa naturaleza, v.gr. los contenidos en el artículo 115 de la Constitución Federal, que se refiere a los servicios públicos municipales.

El criterio apuntado resulta insuficiente para determinar el carácter público de un servicio, pues quedaría fuera de esta clasificación aquellos servicios que teniendo esta calidad, no están expresamente denominados por la Ley con ese carácter.

En un intento por construir un concepto de servicios públicos, del contenido de los criterios de identificación apuntados, podríamos concluir lo siguiente:

El servicio para ser considerado como público, debe reunir las siguientes características:[6]

1. Tener por objeto la satisfacción de necesidades generales para los gobernados, que éstos por sí mismos difícilmente podrían satisfacer, por cuestiones técnicas o económicas.
2. Estar regulado por el Estado a través de normas de Derecho Público, que permitan garantizar la prestación continua, eficaz y regular de estos servicios.
3. Que el Estado reserve para sí la prestación del servicio, aun cuando en algunos casos permita que se preste por medios de particulares, pero con la facultad del Estado de establecer las reglas para su operación y funcionamiento, ejerciendo sobre los particulares funciones de supervisión y control.
4. La declaración formal del Estado de sujetar la prestación de un servicio al régimen de los servicios públicos.

En estas condiciones, Jorge Fernández Ruiz, propone definir a los servicios públicos como:

> *toda actividad técnica destinada a satisfacer una necesidad de carácter general, cuyo cumplimiento uniforme y continuo deba ser permanentemente asegurado, reglado y controlado por los gobernantes, con sujeción a un mutable régimen jurídico exorbitante del derecho privado, ya por medio de la Administración Pública, o bien mediante particulares facultados para ello por la autoridad competente, en beneficio de toda persona.*[7]

---

6 *Cfr,* Santiago Sánchez, Federico Fabricio, *Elementos para delimitar los servicios públicos en México.* Biblioteca virtual del Instituto de Investigaciones Jurídicas, UNAM,

7 *Cfr.* Fernández Ruiz, Jorge, *Servicios Públicos Municipales,* México, UNAM, Instituto de Investigaciones Jurídicas-INAP, 1ª. ed., 2002, p. 121.

Es importante –agrega el autor citado– enfatizar que *función pública, servicios públicos y obra pública,* lejos de ser sinónimos, son categorías jurídicas distintas, a saber:

La *función pública*

Es la actividad esencial y mínima del Estado fundada en la idea de soberanía, que conlleva el ejercicio de la potestad, del imperio de autoridad, cuya realización atiende al interés público, entre las que destacan la función legislativa, jurisdiccional y administrativa.

Los *Servicios Públicos*

Están encaminados a la satisfacción de necesidades de carácter general; se trata de actividades atribuidas a la administración pública, quien las puede realizar directamente, o por medio de particulares, bajo un régimen jurídico especial, exorbitante del derecho privado.

La obra pública

Se refiere a la actividad realizada por el ente del estado, federal, estatal o municipal, o en su nombre, en un inmueble determinado con un propósito de interés general, destinada al uso público, al desempeño de una función pública o la prestación de un servicio público.

Inmersos en el tema, para apreciar la importancia de lo expuesto en líneas anteriores, veamos el estudio que hace el autor que nos ocupa sobre el contenido de la fracción III del artículo 115 de la Constitución Federal, en el que, según explica, se incluyen algunas actividades que no constituyen servicios públicos a cargo del Municipio. Este artículo establece lo siguiente:

III. Los Municipios tendrán a su cargo las funciones y servicios públicos siguientes:

a) Agua potable, drenaje, alcantarillado, tratamiento y dis-po-sición de sus aguas residuales; b) Alumbrado público. c) Limpia, recolección, traslado, tratamiento y disposición final de residuos; d) Mercados y centrales de abasto. e) Panteones. f) Rastro. g) Calles, parques y jardines y su equipamiento; h) Seguridad pública, en los términos del artículo 21 de esta Constitución, policía preventiva municipal y tránsito; y i) Los demás que las Legislaturas locales determinen según las condiciones territoriales y socio-económicas de los Municipios, así como su capacidad administrativa y financiera.

Según el autor equivocadamente se incluye dentro de los servicios públicos mencionados algunas actividades que corresponden a obras públicas o funciones públicas, cuestión que es de nuestro interés, porque al confundir unas con otras, podríamos intentar equivocadamente una acción colectiva considerando que una actividad realizada por este órgano del Estado se trata de un servicio público, y no es así.

También considera que erróneamente se incluyeron "dentro del catálogo de servicios públicos municipales, algunas obras y fun-ciones públicas. Obras públicas confundidas con servicios públicos son el alcantarillado (inciso a), las calles, los parques y los jardines (inciso g); las funciones públicas indebidamente etique-tadas como servicios públicos son la seguridad pública y el tránsito (inciso h)."[8]

Finalmente, en relación al tema de la prestación de servicios públicos que nos ocupa, quiero mencionar un procedimiento que tiene su fundamento en el artículo 113 de la Constitución Mexicana, para exigir la indemnización al Estado Mexicano por los daños que causado con motivo de su actividad admi-

[8] Cienfuegos Salgado, David y López Olvera, Miguel Alejandro (coords.), *Estudios en homenaje a Don Alfonso Nava Negrete,* México, UNAM, Instituto de Investigaciones Jurídicas, 2006, p. 84.

nistrativa irregular. Esta acción se tramita en un procedimiento distinto al de las acciones colectivas y considero que puede ejercerse en forma conjunta por las personas que hayan sufrido el daño en los términos del artículo mencionado, que además establece la responsabilidad objetiva y directa a cargo del Estado por los daños causados.[9]

En Ley Federal de Responsabilidad Patrimonial del Estado, reglamentaria del segundo párrafo del artículo a que me refiero, se establece un procedimiento para exigir la indemnización derivada de la actividad administrativa irregular de los "entes públicos".[10]

Este proceso inicia con la demanda que debe presentarse ante la dependencia responsable, señalando al o los servidores públicos involucrados en la actividad administrativa que se considere irregular y se sujeta a lo dispuesto por esta ley y la Ley Federal de Procedimiento Contencioso Administrativo.

La indemnización que resulte debe cubrirse del presupuesto de la dependencia responsable y comprende la reparación del daño y en su caso, el daño personal y moral. Esta ley establece la posibilidad para el Estado de repetir en contra de los servidores públicos por el pago de la indemnización cubierta

---

9 "... La responsabilidad del Estado por los daños que, con motivo de su actividad administrativa irregular, cause en los bienes o derechos de los particulares, será objetiva y directa. Los particulares tendrán derecho a una indemnización conforme a las bases, límites y procedimientos que establezcan las leyes.

10 ... se entiende por actividad administrativa irregular, aquella que cause daño a los bienes y derechos de los particulares que no tengan la obligación jurídica de soportar, en virtud de no existir fundamento legal o causa jurídica de justificación para legitimar el daño de que se trate. Se entiende por entes públicos federales, a los Poderes Judicial, Legislativo y Ejecutivo de la Federación, organismos constitucionales autónomos, dependencias, entidades de la Administración Pública Federal, Procuraduría General de la República, Tribunales Federales Administrativos y cualquier otro ente público federal.

a los particulares, cuando, previa substanciación del procedimiento administrativo disciplinario, se determine su responsabilidad y que la falta administrativa haya tenido el carácter de infracción grave.

El requisito para la procedencia de esta indemnización es que los daños y perjuicios causados deben ser reales, valuables en dinero, directamente relacionados con una o varias personas y desiguales a los que pudieran afectar al común de la población.

6.1.4. Usuarios de servicios privados

Quedan comprendidos dentro de esta categoría los servicios que prestan los particulares, distintos del Estado, como servicios profesionales, servicio de educación privada, servicios de salud privada, seguros, servicios financieros, etcétera.

6.1.5. Medio ambiente

El derecho a un medio ambiente sano está garantizado como un derecho humano por nuestra Constitución en el Artículo Cuarto que establece lo siguiente:

"... Toda persona tiene derecho a un medio ambiente sano para su desarrollo y bienestar. El Estado garantizará el respeto a este derecho. El daño y deterioro ambiental generará responsabilidad para quien lo provoque en términos de lo dispuesto por la ley....".

La Ley General del Equilibrio Ecológico y la Protección al Ambiente, que tiene por objeto, entre otros, garantizar el derecho de toda persona a vivir en un medio ambiente adecuado para su desarrollo, salud y bienestar, no establece la definición de medio ambiente, pero define el ambiente de la siguiente manera: (artículo tercero)

> El conjunto de elementos naturales y artificiales o inducidos por el hombre que hacen posible la existencia y desarrollo de los seres humanos y demás organismos vivos que interactúan en un espacio y tiempo determinados.

Parto de considerar que el medio ambiente sano es el que se encuentra libre de contaminación. La Ley citada define este concepto, junto con el de contaminante, desequilibrio ecológico e impacto ambiental, de la siguiente manera:

> CONTAMINACIÓN: La presencia en el ambiente de uno o más contaminantes o de cualquier combinación de ellos que cause desequilibrio ecológico.
>
> CONTAMINANTE: Toda materia o energía en cualesquiera de sus estados físicos y formas, que al incorporarse o actuar en la atmósfera, agua, suelo, flora, fauna o cualquier elemento natural, altere o modifique su composición y condición natural.
>
> DESEQUILIBRIO ECOLÓGICO: La alteración de las relaciones de interdependencia entre los elementos naturales que conforman el ambiente, que afecta negativamente la existencia, transformación y desarrollo del hombre y demás seres vivos.
>
> IMPACTO AMBIENTAL: Modificación del ambiente ocasionada por la acción del hombre o de la naturaleza.

Esta Ley establece mecanismos para la protección del medio ambiente, incluyendo la denuncia popular y la facultad de impugnar los actos administrativos relacionados con esta materia, mediante la interposición del recurso administrativo ante la misma Secretaría o bien, ante el Tribunal Federal de Justicia Fiscal y Administrativa, así como la obligación a cargo de toda persona que contamine o deteriore el ambiente o afecte los recursos naturales o la biodiversidad, de reparar los daños causados, de conformidad con la legislación civil aplicable.

Los actos que dañan al medio ambiente son considerados aquellos que provocan un desequilibrio ecológico por la presencia de elementos contaminantes. Por ello, quien realice tales actos, es quien debe ser demandado judicialmente en ejercicio de una acción colectiva para que proceda en los términos que apuntamos con anterioridad.

6.1.6. Concentraciones indebidas o prácticas mono-pólicas

La Ley Federal de Competencia Económica, reglamentaria del artículo 28 Constitucional en materia de competencia económica, monopolios y libre concurrencia, tiene por objeto proteger el proceso de competencia y libre concurrencia, mediante la prevención y eliminación de monopolios, prácticas monopólicas y demás restricciones al funcionamiento eficiente de los mercados de bienes y servicios. Esta función la ejerce la Comisión Federal de Competencia, órgano desconcentrado de la Secretaría de Economía.

> Esta Ley entiende por concentración: (Artículo 16)
> "... la fusión, adquisición del control o cualquier acto por virtud del cual se concentren sociedades, asociaciones, acciones, partes
> sociales, fideicomisos o activos en general que se realice entre competidores, proveedores, clientes o cualesquiera otros agentes económicos.

Por lo que se refiere a las prácticas monopólicas, la Ley distingue entre las absolutas y relativas, estableciendo lo siguiente:

> **Artículo 9o.** Son prácticas monopólicas absolutas los contratos, convenios, arreglos o combinaciones entre agentes económicos competidores entre sí, cuyo objeto o efecto sea cualquiera de los siguientes:
> **I.** Fijar, elevar, concertar o manipular el precio de venta o compra de bienes o servicios al que son ofrecidos o demandados en los mercados, o intercambiar información con el mismo objeto o efecto;

II. Establecer la obligación de no producir, procesar, distribuir, comercializar o adquirir sino solamente una cantidad restringida o limitada de bienes o la prestación o transacción de un número, volumen o frecuencia restringidos o limitados de servicios;
III. Dividir, distribuir, asignar o imponer porciones o segmentos de un mercado actual o potencial de bienes y servicios, mediante clientela, proveedores, tiempos o espacios determinados o determinables; o
IV.- Establecer, concertar o coordinar posturas o la abstención en las licitaciones, concursos, subastas o almonedas públicas.
Artículo 10. Sujeto a que se comprueben los supuestos a que se refieren los artículos 11, 12 y 13 de esta Ley, se consideran prácticas monopólicas relativas los actos, contratos, convenios, proce-dimientos o combinaciones cuyo objeto o efecto sea o pueda ser desplazar indebidamente a otros agentes del mercado; impedirles sustancialmente su acceso o establecer ventajas exclusivas en favor de una o varias personas, en los siguientes casos: ...

La ley que nos ocupa establece en el capítulo quinto el procedimiento para que la Comisión realice las investigaciones conducentes y en caso de que encuentra elementos para determinar la probable responsabilidad del agente económico investigado, debe iniciar un procedimiento administrativo que culmina con la resolución en la que, en su caso, establece la existencia de concentraciones indebidas o prácticas monopólicas y a su vez puede imponer las sanciones que establece el artículo 35 de la Ley. Las resoluciones emitidas por la Comisión pueden ser combatidas mediante el Recurso de Reconsideración que se tramita ante la misma Dependencia.

Es importante anotar la referencia que hace la Ley en el artículo 38, sobre la posibilidad de que quienes hayan sufrido daños o perjuicios a causa de una práctica monopólica o una concentración prohibida puedan ejercer las acciones en defensa de sus derechos o intereses de forma independiente a los procedimientos previstos en esta Ley, de manera individual o colectiva, estas últimas en los términos que estamos estudiando.

Por su parte la Ley Federal de Telecomunicaciones, establece que "El Instituto es un órgano público autónomo, ... que tiene por objeto regular y promover la competencia y el desarrollo eficiente de las telecomunicaciones ... Asimismo, el Instituto es la autoridad en materia de competencia económica de los sectores de radiodifusión y telecomunicaciones, por lo que en éstos ejercerá en forma exclusiva las facultades que establecen el artículo 28 de la Constitución, esta Ley y la Ley Federal de Competencia Económica.

Entre las atribuciones del Instituto, establece en el Artículo 15 lo siguiente:

Para el ejercicio de sus atribuciones corresponde al Instituto: ...

> Ejercer las facultades en materia de competencia económica en telecomunicaciones y radiodifusión, en términos del artículo 28 de la Constitución, esta Ley, la Ley Federal de Competencia Económica y demás disposiciones aplicables.

6.2. Que [la acción colectiva] verse sobre cuestiones comunes de hecho o de derecho entre los miembros de la colectividad de que se trate

Este un elemento propio de la naturaleza de la acción colectiva. Implica que todos los miembros de la colectividad que ejercen la acción, deben encontrar una causa común en el ejercicio de la acción, que es precisamente las cuestiones de hecho o de derecho que las une.

6.3. Que existan al menos quince miembros en la colectividad, en las acciones colectivas en sentido estricto e individuales homogéneas

Debemos entender que este requisito no existe en el caso de las acciones difusas.

6.4. Que exista coincidencia entre el objeto de la acción ejercitada y la afectación sufrida

Según quedó apuntado, cada una de las acciones colectivas a que nos hemos referido tiene como propósito un objeto determinado como vemos a continuación:

La acción difusa

La reparación del daño causado a la colectividad, consistente en la restitución de las cosas al estado que guardaren antes de la afectación, o en su caso al cumplimiento sustituto de acuerdo a la afectación de los derechos o intereses de la colectividad.

La acción colectiva en sentido estricto

La reparación del daño causado consistente en la realización de una o más acciones o abstenerse de realizarlas, así como a cubrir los daños en forma individual a los miembros del grupo y que deriva de un vínculo jurídico común existente por mandato de ley entre la colectividad y el demandado.

La acción individual homogénea

El cumplimiento forzoso de un contrato o su rescisión con sus consecuencias y efectos según la legislación aplicable.

Para acreditar la legitimación en la causa, es necesaria una relación de causalidad directa (causa-efecto) entre el acto y el daño, esto es, que la afectación sufrida por el actor sea precisamente causada por los actos que se imputan al demandado y que el objeto de la acción sea la reparación del daño causado por tales actos, tratándose de acciones difusas o colectivas en sentido estricto, o el cumplimiento forzoso del contrato o su rescisión en el caso de la acción individual homogénea.

6.5. Que la materia de la litis no haya sido objeto de cosa juzgada en procesos previos con motivo del ejercicio de las acciones tuteladas en este Código

El contenido de este apartado lo estudiamos en el apartado relativo a la Cosa Juzgada.[11]

Podemos adelantar que la cosa juzgada opera cuando ya fue intentada la misma acción, en contra del mismo demandado, reclamando los mismos actos que ocasionaron el daño, en un proceso que culminó con sentencia firme.

6.6. Que no haya prescrito la acción

El artículo 861 del Código Nacional establece que las acciones colectivas prescriben a los cinco años contados a partir del día en que se haya causado el daño. Tratándose de un daño de naturaleza continua, el plazo para la prescripción comenzará a contar a partir del último día en que se haya generado el daño causante de la afectación.

Por ello, es necesario que en los hechos de la demanda se establezca con precisión la fecha en que sucedieron los actos que ocasionaron el daño motivo de la acción, para que el juez esté en condiciones de determinar si no ha prescrito la acción.

7. LEGITIMACIÓN EN EL PROCESO

Aunado a los requisitos para la procedencia de la legitimación en la causa que ya estudiamos, el artículo 866 del Código Nacional *establece las causales de improcedencia de la legitimación en el proceso* para el caso de las acciones colectivas.

---

[11] Capítulo Cuarto, apartado 4.

Según dispone el mismo artículo, el juez de oficio o a petición de parte, puede verificar la existencia de alguna de estas causales durante el proceso, por lo que debemos concluir que en cualquier momento en el que el juez observe la existencia de alguna de estas causales, aún al tiempo de la presentación de la demanda, debe dar por terminada la instancia. Estas causales son las siguientes:

1. Que los promoventes de la colectividad no hayan otorgado su consentimiento en el caso de las acciones colectivas en sentido estricto e individuales homogéneas.
2. Que los actos en contra de los cuales se endereza la acción constituyan procedimientos administrativos seguidos en forma de juicio o procedimientos judiciales.
3. Que la representación no cumpla los requisitos previstos en el Código.
4. Que la colectividad en la acción colectiva en sentido estricto o individual homogénea no sea determinada o determinable en atención a la afectación a sus miembros o a las circunstancias comunes de hecho o de derecho de dicha afectación.
5. Que su desahogo mediante el procedimiento colectivo no sea idóneo.
6. Que exista litispendencia entre el mismo tipo de acciones, en cuyo caso procederá la acumulación en los términos previstos en este Código Nacional, y
7. Que las asociaciones que pretendan ejercer la legitimación en el proceso no cumplan con los requisitos establecidos en el Código.[12]

---

12 Artículo 896 del Código Nacional.

Después de enumerarlas a continuación agrego una breve explicación del significado de cada una:

7.1. Que los promoventes de la colectividad no hayan otorgado su consentimiento en el caso de las acciones colectivas en sentido estricto e individuales homogéneas

Primero debo aclarar que desconozco las razones por las que esta misma causal de improcedencia no operar tratándose de las acciones difusas, pues tanto en éstas como en las que menciona este apartado, debiera ser indispensable que los miembros de la colectividad expresen su consentimiento, por lo que debe imperar el principio que establece que donde existe la misma razón, debemos aplicar la misma disposición.

Sin embargo en este caso no es así, pues a pesar de que las acciones difusas pueden ser intentadas también por los miembros de una colectividad, el Código establece disposiciones distintas tratándose de unas y otras, no obstante que la diferencia entre las acciones que pretenden la defensa de derechos difusos y las que pretenden la defensa de intereses colectivos, radica en parte solamente en la posibilidad de determinar a los individuos que conforman la colectividad afectada y la relación que los une.

La interpretación literal de este apartado nos puede llevar a la conclusión de que en el caso de las acciones difusas no es necesario que los miembros de la colectividad expresen su consentimiento, lo cual me parece incorrecto.

Según el artículo 871 del Código Nacional los afectados pueden adherirse de manera voluntaria a la acción durante la substanciación del proceso y hasta dieciocho meses posteriores a que la sentencia haya causado estado o en su caso, el convenio judicial adquiera la calidad de cosa juzgada. Para este propósito, el interesado en participar en la acción colectiva, debe hacer llegar su consentimiento "expreso y simple" al representante, quien a su vez lo presentará al juez. El Código no señala cómo debe otorgarse tal consentimiento, pero debemos entender que será mediante un simple escrito dirigido al representante común.

7.2. *Que los actos en contra de los cuales se endereza la acción constituyan procedimientos administrativos seguidos en forma de juicio o procedimientos judiciales*

La redacción de este apartado no clara, pero debo entender que se refiere a los casos en que los actos que se imputan al demandado se estén ventilando en un procedimiento administrativo o judicial. La palabra constituir significa formar parte, componer o ser.

Los procedimientos administrativos a que se refiere este apartado pueden ser los que menciona por ejemplo la Ley General del Equilibrio Ecológico y la Protección al Ambiente o la Ley de Competencia Económica a las que nos hemos referido al estudiar la legitimación en la causa. O bien tratarse de acciones judiciales que ya hayan sido intentadas en un procedimiento diverso, que no se trate de acciones colectivas, pues en este caso procederá la litispendencia o, en su caso, la acumulación, según lo menciona el apartado F de este mismo artículo.

Los actos en contra de los cuales se endereza la acción son los actos que causan el daño imputado al demandado. Éstos constituyen (forman parte) de procedimientos administrativos o acciones judiciales, cuando tales actos son objeto de esta clase de procedimientos. Por ejemplo, cuando ante la Secretaría de Medio Ambiente y Recursos Naturales (SEMARNAT) o ante la Comisión Federal de Competencia Económica se sigue un procedimiento administrativo en contra de un particular por los mismos actos que se le imputan en la acción colectiva.

7.3. Que la representación no cumpla los requisitos previstos en el Código Nacional.

El Código Nacional en el artículo 863 dice que la representación –cuando el representante común promueve a nombre de un grupo de personas o en caso de las asociaciones civiles– debe ser adecuada. Se trata más bien requisitos en la actuación del representante común o de la asociación civil y causas por las que debe removerse. En este caso se excluye de esta condición las acciones que promuevan las entidades públicas a que antes nos referimos, supongo que partiendo de la base de que en estos casos, por tratarse de instituciones del poder público, actuarán con la debida pericia, diligencia y buena fe.

El juez de oficio debe revisar la calidad del representante que promueva una acción en los casos mencionados en el párrafo anterior, pues es una cuestión que se considera de interés público y su ausencia genera las consecuencias a que adelante me refiero.

Los requisitos para que la representación se considere adecuada son los siguientes, que se refiere a la forma como debe actuar el presentante (1) y causas de su remoción (2, 3, 4 y 5):

1. Actuar con diligencia, pericia y buena fe en la defensa de los intereses de la colectividad en el juicio.
2. No encontrarse en situaciones de conflicto de interés con sus representados respecto de las actividades que realiza.
3. No promover o haber promovido en forma reiterada acciones difusas, colectivas o individuales homogéneas frívolas o temerarias.
4. No promover una acción difusa, colectiva en sentido estricto o individual homogénea con fines de lucro, electorales, proselitistas, de competencia desleal o especulativos, y

5. No haberse conducido con impericia, mala fe o negligencia en acciones colectivas previas, de acuerdo al Código Civil Federal.

El representante deberá rendir protesta ante el juez y rendir cuentas en cualquier momento a petición de éste.

En el caso de que durante el procedimiento el representante deje de cumplirse con estos requisitos, el juez de oficio o a petición de cualquier miembro de la colectividad deberá:

(a) abrir un incidente de remoción y sustitución,

(b) suspender el juicio y

(c) notificar el inicio del incidente a la colectividad mediante los medios idóneos para tales efectos, tomando en cuenta el tamaño, localización y demás características de dicha colectividad.

7.4. Que la colectividad en la acción colectiva s.s. o individual homogénea, no pueda ser determinable o determinada en atención a la afectación a sus miem-bros, o a las circunstancias comunes de hecho o de dere-cho de dicha afectación

Recordemos que este requisito no es aplicable tratándose de las acciones difusas, inclusive es de su naturaleza la imposibilidad de determinar con precisión cuáles son los miembros que integran la colectividad en el caso de esta clase de acciones.

Por el contrario, tratándose de las acciones colectivas que menciona este apartado, es requisito indispensable que los miembros que integran la colectividad estén determinados o puedan determinarse en el caso de las acciones colectivas en sentido estricto y en el caso de las acciones individuales homogéneas, que se encuentren perfectamente determinados.

7.5. Que su desahogo mediante el procedimiento colec-tivo no sea idóneo

La palabra idóneo significa adecuado o conveniente. Debemos considerar como una causa de improcedencia el hecho de que no resulte adecuado o conveniente que la acción se tramite mediante el procedimientos de acción colectiva.

Si en un caso específico se reúnen los requisitos para la procedencia de esta clase de acciones, ignoro qué elementos podrá tomar en consideración el juez para estimar la inconveniencia de tramitar tal acción en esta vía y si lo debe hacer atendiendo a los intereses del actor o del demandado, o simplemente la existencia de una causa legal o natural a partir de la cual considere que es más conveniente que la acción se tramite en una vía distinta.

Esta es una cuestión meramente subjetiva a juicio del juez, si bien en el Código se establece que en la demanda se debe establecer cuál es la conveniencia de tramitar esta acción en esta vía, el Código no establece bases para establecer en qué casos es conveniente o no el trámite, pero considero que el juez deberá establecer en forma precisa cuáles son los motivos que lo llevan a tal conclusión y señalar la vía idónea en que debe intentarse esta acción. Esta resolución desde luego estimo que puede ser objeto del recurso de apelación que establece el mismo Código.

Considero que si se reúnen los requisitos formales y materiales para tramitar una acción de esta naturaleza en esta vía, el juez no debe estimar la conveniencia o inconveniencia de hacerlo. No es una cuestión de conveniencia, es una cuestión de procedencia.

7.6. Que exista litispendencia entre el mismo tipo de acciones, en cuyo caso procederá la acumulación en los términos previstos por el Código

La litispendencia supone la existencia de dos procedimientos judiciales, en los que existe identidad de sujetos, objeto y la causa de pedir, y uno de ellos, al que se dio curso primero, aún no ha sido resuelto por sentencia que cause estado. Procede cuando una persona es demandada por otra, ejerciendo una acción sobre una cosa, y posteriormente, aun cuando este juicio no ha concluido, es demandada nuevamente por la misma persona que antes lo demandó, ejerciendo la misma acción, sobre la misma cosa.

La acumulación por su parte supone la existencia de dos procedimientos que difieren en alguno de los elementos apuntados, pero tienen relación entre sí, y ello obliga a que se tramiten y resuelvan en forma conjunta. Por ejemplo dos personas distintas intentan una misma acción reivindicatoria reclamando del mismo sujeto demandado la entrega de un mismo bien inmueble, de manera que ambos juicios deben substanciarse en un solo expediente y resolverse en una sola sentencia, para evitar que se dicten sentencias contradictorias, pues si se substanciaran por separado y ambos actores obtuvieran sentencia favorable, sería imposible hacer entrega del mismo bien a ambos.

El Código establece indebidamente el apartado objeto de estudio que en este caso debe proceder la acumulación, pues cuando existe litispendencia entre dos procedimientos, la consecuencia es que el segundo, en el que se plantea al excepción, debe quedar sin efecto, ya que tiene por objeto la misma acción y la misma pretensión intentada por los mismos sujetos que aducen los mismo hechos, de manera que no tiene ningún sentido que este segundo procedimiento se continúe tramitando como sucede en el caso de la acumulación.

La acumulación es una figura distinta, incompatible con la litispendencia, no pueden coexistir, porque su naturaleza es totalmente diferente y atienden a causas diversas, así que no alcanzo a entender la razón por la que es legislador dispone que en caso de que exista litispendencia entre dos procedimientos, deba procederse a su acumulación, pues entonces acumulamos y substanciamos sin sentido dos procedimientos iguales.

A propósito de la acumulación, el Código establece que que no procede la acumulación entre procedimientos individuales y procedimientos colectivos. (artículo 890)

Es decir, no pueden acumularse a un procedimiento en donde se ventile una acción colectiva, los procedimientos individuales intentados por los miembros de la colectividad, si ambos provienen de la misma causa.

El Código establece que en caso de que exista un proceso individual y un proceso colectivo provenientes de la misma causa, el demandado debe informar de esta situación a ambos jueces, para que el primero notifique a la parte actora de la existencia de la acción colectiva, y ésta decida, dentro del plazo de noventa días contados a partir de la notificación, si continúa con la acción individual o se adhiere a la acción colectiva. En este caso, para adherirse a la acción colectiva, debe desistirse de la individual.

Esto supone que el actor en la acción individual desconoce que se inició la acción colectiva, en cuyo caso se le notifica su existencia para que decida en los términos apuntados.

Dado que las dos causas no pueden coexistir, debemos suponer que quien participa en una acción colectiva no puede intentar una acción individual, a menos que retire su adhesión y exprese su deseo de intentar la acción en forma individual y que quien ya intentó una acción en forma individual no puede adherirse a una colectiva, sin desistirse previamente de aquella.

Cuando alguno de los miembros de la colectividad se ha adherido voluntariamente a una acción colectiva y con posterioridad al emplazamiento del demandado decide retirarse, (opción de salida) este hecho equivale a un desistimiento de la acción colectiva, por lo que no puede volver a participar en un procedimiento de esta naturaleza derivado de o por los mismos hechos.

7.7. Que las asociaciones que pretendan ejercer la legitimación en el proceso no cumplan con los requisitos establecidos en el Código

Estos requisitos los estudiamos en el capítulo relativo a la legitimación activa.[13] En ese apartado se estudian los requisitos que deben cumplir las asociaciones para entablar acciones colectivas.

En caso de que la asociación que intenta la acción no reúna los requisitos apuntados, entonces adolece de la legitimación en el proceso y el juez debe obrar en consecuencia.

El juez de oficio o a petición de parte puede analizar la existencia de alguna de estas causales durante el procedimiento.

---

[13] Capítulo Primero. Apartado 5.

Capítulo Segundo

Proceso Judicial de las Acciones Colectivas

1. INTRODUCCIÓN

Hechas las anteriores consideraciones sobre las acciones colectivas, vamos ahora a analizar el procedimiento que establece el Código Nacional de Procedimientos Civiles para su ejercicio. Es importante tomar en consideración que el texto de los artículos que regulan las acciones colectivas se encuentra dentro de las disposiciones contenidas en el mismo ordenamiento procesal y en consecuencia no es necesario que en el articulado se incluyera disposición alguna que establezca la posibilidad de aplicar a este procedimiento todas las disposiciones de este Código que por su naturaleza le sean aplicables.

De ahí, que en el procedimiento para el ejercicio de las acciones colectivas debamos contemplar todas las reglas relativas al Derecho Procesal y las disposiciones contenidas en el Código Nacional que no se opongan a la naturaleza de esta clase de acciones.

De esta manera todas las reglas del procedimiento que regula el Código, vamos a aplicarlas a las acciones colectivas, salvo aquellas en la que en este capítulo se contengan disposiciones especiales.

Adicionalmente, debemos considerar lo que ya comentamos al inicio de este libro respecto de la vigencia del Código Federal de Procedimientos Civiles y la entrada en vigor del Código Nacional de Procedimientos Civiles, que va a abrogar el primero, en vista de que en los artículos transitorios del Código Nacional de Procedimientos Civiles se establece un plazo de hasta cuatro años para la entrada su vigor en la entidades federativas de la república.

También debemos tomar en cuenta que estos procedimientos de acciones colectivas corresponden al ámbito federal y que el artículo segundo transitorio del DECRETO POR EL QUE SE EXPIDE EL CÓDIGO NACIONAL DE PROCEDIMIENTOS CIVILES Y FAMILIARES establece que en el Orden Federal entrará en vigor "... de conformidad con la Declaratoria que indistinta y sucesivamente realicen las Cámaras de Diputados y Senadores que integran el Congreso de la Unión, previa solicitud del Poder Judicial de la Federación, sin que la misma pueda exceder del 1° de abril de 2027".

De manera que al estudiar el procedimiento en general aplicable a este tipo de acciones nos vamos a avocar a lo que cada código establece en el capítulo de las acciones colectivas y tendremos presente que según el código vigente al momento de intentar esta acción, debemos atender a la reglas adicionales que cada uno contiene en la parte de disposiciones generales aplicables a los procedimientos civiles.

1. ELABORACIÓN DE LA DEMANDA

Daremos así inicio al primero punto del contenido de este capítulo, que consiste en la elaboración de la demanda. Como en cualquier caso, previo a la elaboración de cualquier demanda, debemos determinar:

a. la acción que vamos a intentar y las prestaciones que vamos a reclamar
b. los elementos de la acción y cómo los vamos a probar
c. los documentos base de la acción
d. el juez competente para conocer de esa acción, y
e. la vía en la que debemos ejercer es acción.

Esto nos permite tener una visión general de la acción que vamos a intentar y establecer una Estrategia en el Proceso. A continuación, vamos a estudiar brevemente casa uno de estos requisitos en relación con las acciones colectivas:

1. Para determinar cuál es la acción que vamos a intentar, debemos establecer si se trata de una acción difusa, colectiva en sentido estricto o individual homogénea, de acuerdo a lo que hemos expuesto en el capítulo primero.

2. Posteriormente debemos determinar sus elementos, es decir, las circunstancia de hecho o de derecho necesarias para la procedencia de la acción. Por ejemplo para el ejercicio de una acción difusa, derivada de la contaminación del agua, tenemos como elementos de la acción: el acto de la contaminación, el objeto contaminado y el daño causado a la colectividad por esa conducta. Luego en la demanda, debemos relatar estos hechos que posterior-mente deberemos probar a través de alguno de los elementos de prueba reconocidos por el Código.

3. También debemos determinar cuáles son los documentos base de la acción, pues como lo dispone el artículo 244 del Código Nacional con la demanda el actor debe presentar los documentos en que funde la acción y en caso de que no los tenga a su disposición debe señalar el archivo o lugar en que

se encuentren, para que a su costa, se mande expedir copia de ellos, antes de admitirse la demanda.

Los documentos base de la acción son aquellos en los que constan por escrito los elementos base de la acción. No obstante, el artículo 244 del Código Nacional, establece que también deben acompañarse todos los documentos que el actor tenga en su poder, que hayan de servir como prueba de su parte. Así que con la demanda debemos agregar todos los documentos, sean o no base de la acción.

4. El siguiente paso consiste en determinar cuál es el juez competente. Por disposición del 855 Código Nacional los Jueces de Distrito son competentes para conocer de estas acciones y el juez competente es el del domicilio del demandado, por lo que debemos establecer cuál es el Juez competente por razón de territorio de acuerdo al domicilio del demandado. Recordemos que en los casos de algunos contratos de los denominados de adhesión, existe sometimiento expreso al domicilio de los tribunales en donde el prestador del servicio, ahora demandado, tiene su domicilio.

5. La vía en que tramitaremos esta acción es la vía especial que estudiamos en este libro y el procedimiento al que nos referimos consta de la etapas que vemos a continuación:

1	Presentación de la demanda	8	Fecha para la celebración de la audiencia de conciliación
2	La certificación que debe realizar el juez	9	Desahogo de la audiencia de conciliación
3	Admisión de la demanda	10	Ofrecimiento de pruebas 30 días Admisión de pruebas
4	Notificación de la admisión de la demanda	11	Fecha para desahogar la Audiencia de Juicio
5	Contestación de la demanda (15 días)	12	Desahogo de pruebas y Alegatos en la audiencia de juicio
6	Vista con contestación de la demanda (5 dias)	13	Sentencia 30 días
7	Desahogo de la vista	14	Incidente de ejecución

2. CONTENIDO DE LA DEMANDA

Habiendo determinado estos elementos, podemos iniciar a elaborar la demanda, con la cual se inicia el procedimiento. Según establece el artículo 864 del Código Nacional debe contener lo siguiente:

2.1. Autoridad jurisdiccional ante la que se promueve

Debemos promover la demanda ante un Juez de Distrito competente de acuerdo al domicilio del demandado. Recordemos que a los juzgados de distrito de acuerdo a la Ley Orgánica del Poder Judicial de la Federación se les atribuye competencia por materia, lo cual debemos tomar en consideración al momento de presentar esta demanda.

> El Código Nacional dispone expresamente:
> ARTÍCULO 89. Es autoridad jurisdiccional competente:
> La del domicilio de la parte demandada, si se trata del ejercicio de ... acciones personales, colectivas ...".
> Cuando sean varias las personas demandadas y tuvieren diversos domicilios, será competente el órgano jurisdiccional que se encuentre en turno del domicilio que elija la parte actora.

2.2. El nombre, domicilio, número telefónico y dirección de correo electrónico que señale para oír y recibir notificaciones

Debemos asentar el nombre de quien promueve la demanda y un número telefónico de nuestra oficina

El Código Nacional establece en el artículo 203 la posibilidad de que las notificaciones, aún personales, se realicen por medio de correo electrónico, así que si señalamos uno, ahí se harán esta clase de notificaciones.

En esta parte de la demanda debemos señalar además el domicilio para oír y recibir notificaciones, que es el de nuestra oficina y nuestro nombre como autorizados para ese efecto, así como la cédula que nos autoriza para el ejercicio de la profesión.

El autorizado en los términos del artículo 215 del Código queda facultado para intervenir en todas las etapas procesales del juicio, comprendiendo la de segunda instancia y la ejecución, debiendo acreditar encontrarse legalmente autorizado para ejercer la profesión de licenciado en derecho, debiendo proporcionar los datos correspondientes en el escrito en que se otorgue dicha autorización y exhibir la cédula profesional.

2.3. En las acciones colectivas en sentido estricto y las individuales homogéneas, los nombres de los miembros de la colectividad promoventes de la demanda

Es el nombre de los particulares que promueven la acción (deben ser al menos 15 personas). En este caso las personas deben firmar la demanda y así se adhieren a ella, haciendo suyo el contenido.

Desde luego que, si se trata de una acción difusa, también es necesario incluir los nombres de las personas que intentan la demanda. Aun cuando el Código reiteradamente hace mención de algunos requisitos de la demanda refiriéndose solo a las acciones colectivas en sentido estricto y acciones individuales homogéneas, considero que algunos de ellos deben hacerse extensivos a las acciones difusas, pues no encuentro ningún impedimento para que los particulares intenten esta clase de acciones.

No debe hacerse extensivo a las acciones difusas el requisito del número de personas que intenten esta acción, pues el Código no establece en este tipo de acciones tal requisito para la procedencia de la legitimación en la causa.

Si alguna persona inició un procedimiento individual al cual recayó una sentencia que causó ejecutoria no podrá ser incluida dentro de la colectividad para efectos de un proceso colectivo, si el objeto, las causas y las pretensiones son las mismas. Esto evidentemente en razón de que respecto de esa persona se da la figura de la cosa juzgada.

En caso de que hubiera obtenido sentencia favorable debe proceder a la ejecución de la sentencia para la reparación del daño causado y en el caso contrario, es decir, si no obtuvo sentencia favorable, ya ésta resolución judicial estableció la improcedencia de la acción o de las prestaciones reclamadas.

2.4. El nombre del representante autorizado y número de cédula profesional, así como y los documentos con los que la parte actora acredite su representación

Se trata de la persona que promueve la demanda, ya sea el que tengan facultades para representar a alguna de las entidades públicas que hemos mencionado; a la asociación civil que promueve la demanda, o bien el que promueve en nombre de un grupo de particulares.

Si se promueve en nombre de alguna de las entidades públicas mencionadas con anterioridad, es necesario exhibir el documento que lo autorice para actuar en nombre de ellas, como su nombramiento que de acuerdo a la ley orgánica que regule a esa entidad lo faculta para actuar en su nombre, incluyendo, en su caso, la aceptación y protesta del cargo.

Si es represente a una asociación civil deberá exhibir el documento en el que conste su nombramiento y las facultades conferidas. Si que actúa en nombre de otros particulares, el poder que le fue otorgado para ese efecto.

En el último de los casos, puede exhibir un poder otorgado a su favor, o bien, los particulares pueden otorgarle facultades de representación como representante común en los términos del artículo 132 del Código o adhiriéndose a la demanda, pues en te caso, como lo establece el artículo 871 del Código Nacional el representante tendrá los poderes más amplios que en derecho procedan con las facultades especiales que requiera la ley para sustanciar el procedimiento y para representar a la colectividad y a cada uno de sus integrantes que se hayan adherido o se adhieran a la acción.

2.5. El nombre y domicilio del demandado o manifestar bajo protesta de decir verdad de que lo ignora

Para determinar quién es la persona física o moral en contra de la que se va a ejercer la acción, es preciso determinar quién o quiénes son los causantes del acto que causa el daño y establecer así la legitimación pasiva, es decir, quién es el sujeto que tiene la calidad para ser demandado en juicio.

La indicación del domicilio del demandado también es necesaria para establecer la competencia a favor del tribunal ante quien se somete la controversia y para emplazarlo a juicio.

2.6. La precisión del derecho difuso, colectivo o individual homogéneo que se considera afectado

Aquí debe indicarse con precisión cuál es el derecho que se ve afectado con los hechos que se imputan al demandado, como el derecho a un medio ambiente libre de contaminación; el derecho de acceso a la salud; el derecho a la no discriminación; el derecho a la privacidad o al pago de daños por el incumplimiento de un contrato o un deber jurídico, etcétera.

2.7. El tipo de acción que pretende promover

Según el derecho afectado y la posibilidad de determinar a los miembros de la colectividad afectada, podrá tratarse de una acción difusa, colectiva en sentido estricto o individual homogénea.

Tenga presente que de los tres tipos de acciones a que nos hemos referido, tratándose de las acciones difusas o colectivas en sentido estricto, su procedencia se establece no en función del derecho afectado, sino en base a la posibilidad de determinar o no a los miembros de la colectividad que se ven afectados por los actos imputados al demandado.

Creo que en este caso es también importante considerar el alcance de las prestaciones que pretendemos obtener, pues en el caso de las acciones difusas, no existe el derechos al pago de daños y perjuicios y las cantidades que en su caso se condene a pagar al demandado, se destinan al Fondo al que adelante nos referimos. (Artículo 901)

Tratándose de las acciones individuales homogéneas, la procedencia de esta acción se establece en función de la relación jurídica común que liga al actor con el demandado en virtud de la celebración de un contrato.

2.8. Las pretensiones correspondientes a la acción

Se trata de las prestaciones que se reclaman al demandado. Recordemos que según el tipo de acción de que se trate, cada una de ellas tiene por objeto el pago de una prestación específicamente determinada por el Código, como a continuación podemos observar: (Artículo 857)

A. En el caso de la acción difusa: La reparación del daño causado a la colectividad, que consiste en la restitución de las cosas al estado que guardaren antes de la afectación, o en su caso al cumplimiento sustituto.

B. En el caso de la acción colectiva en sentido estricto: La reparación del daño causado, que consiste en la realización de una o más acciones para la reparación de ese daño o abstenerse de realizar las acciones que lo causan, así como cubrir los daños causados en forma individual.

C. En la acción individual homogénea: El cumplimiento forzoso de un contrato o su rescisión. En este caso, es posible demandar también el pago de daños y perjuicios.

En las acciones colectivas no es procedente el pago de gastos y costas.

2.9. Los hechos en que funde sus pretensiones y las circunstancias comunes que comparta la colectividad respecto de la acción que se intente

Se trata de los elementos de la acción, es decir, las circunstancias de hecho o de derecho que dan lugar al ejercicio de la acción. Veamos este ejemplo: (1) Un grupo determinado de personas que no tienen entre sí ninguna relación celebraron cada una por separado un contrato de prestación de servicios de televisión por cable en el que se ofrece acceso gratuito a determinados canales sin costo adicional (2) los contratantes utilizaron esos canales de televisión (3) el prestador del servicio hizo un cargo adicional por el uso de ese canal, (4) el incumplimiento de esa prestación se traduce en el daño consistente en el cobro adicional, (5) los particulares deciden unirse para intentar una acción colectiva.

En el caso particular se trata de una acción individual homogénea. ¿Por qué? porque observamos la presencia de un contrato, la colectividad se encuentra perfectamente determinada y el derecho de cada uno es divisible, tan es así, que cada uno pudo haber ejercido su derecho en forma individual.

Pues bien, en la demanda debemos narrar todo esto en el capítulo relativo a los hechos ya que son las circunstancias de hecho o de derecho que encontramos en torno a la demanda y funda o motivan la acción, por eso son los elementos de la acción. Si falta alguno de esos elementos, es decir, si no se hubiera ofrecido ese servicio gratuito, entonces sería imposible intentar esa acción por el cobro adicional que hizo el prestador del servicio.

Las circunstancias comunes que comparte la colectividad, es la celebración del contrato en las condiciones apuntadas, el uso de servicio y el cobro adicional, con el consecuente daño causado.

2.10. Los fundamentos de derecho

Este apartado se refiere a las disposiciones legales aplicables a la acción que estamos intentando. Si bien debemos hacer referencia en este apartado a tales disposiciones, la omisión de algún artículo o la inclusión de alguno que no corresponda, no es de mayor trascendencia, pues el juez está obligado a aplicar el derecho independientemente de que las partes lo invoquen.

2.11. En el caso de las acciones colectivas en sentido estricto e individuales homogéneas, las consideraciones y los hechos que sustenten la conveniencia de la substanciación por la vía colectiva en lugar de la acción individual

Esta es una consideración en torno a la conveniencia de intentar la acción de manera colectiva, que tiene que ver con cuestiones de hecho, en muchos casos cuestiones económicas.

Imaginemos por ejemplo que Ana Victoria, que es uno de los sujetos afectados por el cobro adicional que hizo el prestador del servicio de televisión por cable, pretende contratar un abogado para demandar por el pago de $1,000.00, a una empresa que tiene su domicilio social en la Ciudad de México y además cuenta con un departamento jurídico que atiende esta clase de demandas; esto resulta imposible por el costo, que en muchos casos supera el importe de las prestaciones reclamadas. Sin embargo, si un grupo de cien o más personas intentan esta acción en forma conjunta, las cosas se verán de otra manera pues si obtienen una sentencia favorable, los gastos del juicio y los honorarios del abogado y del representante común, serán pagados entre todos, e inclusive pueden ser pagados con cargo al Fondo al que adelante nos referimos, en caso de una acción que resulte de interés público.

3. ANÁLISIS DE LAS DISTINTAS ETAPAS DEL PROCESO

Procedemos ahora a explicar cada uno de los actos procesales desarrollados durante el juicio, a partir de la presentación de la demanda de acuerdo a lo que apuntamos en el cuadro que aparece al inicio de este apartado.

3.1 Presentación de la demanda

Una vez elaborada y firmada la demanda con todos los requisitos a que se refiere el apartado anterior, debemos agregar los documentos que tenemos en nuestro poder, los documentos con los que, en su caso, acreditamos la representación y una copia simple de la demanda y demás documentos para el traslado a cada uno de los demandados. A continuación debemos presentar toda esta documentación al tribunal competente para conocer de la acción. Adicionalmente debemos obtener una copia simple de todos estos documentos para que al presentar la demanda al tribunal. Este documento sirve para formar el expediente en nuestra oficina.

El Código establece que una vez presentada la demanda, si el juez advierte que se omitieron algunos de los requisitos de forma, que es obscura o irregular, puede prevenir a la parte actora para que la aclare o subsane, otorgándole un término de cinco días para tales efectos, y si no la hace, la debe desechar. También puede desechar la demanda cuando no reúna los requisitos establecidos en el Código o cuando se trate de pretensiones infundadas o frívolas.

3.2. Certificación

El juez debe revisar la demanda y si encuentra que es obscura o irregular, debe apercibir al promovente para que corrija los errores u omisiones que hubiera encontrado. Hecho lo anterior, debe verificar que se cumplen los requisitos de procedencia y la ausencia de las causas de improcedencia que señala el Código emitir una certificación en ese sentido, procedimiento a dar entrada a la demanda. (LA CERTIFICACIÓN) (a. 867)

3.3. Admisión de la demanda

A continuación proveerá sobre la admisión de la demanda y dará vista a los órganos y organismos públicos ya mencionados según la materia del litigio de que se trate.

El Código Nacional dispone que el auto que da entrada a la demanda debe notificarse en forma personal al demandado emplazándolo a juicio según el procedimiento que veremos.

3.3.1. notificación de la admisión de la demanda

Al admitir la demanda, el juez, además del emplazamiento a la parte demandada, debe ordenar: (a. 868)

1. Notificar al Representante de la Colectividad de la admisión de la demanda.
2. Notificar el ejercicio de la acción colectiva.
3. Notificar al organismo a que se refieren los apartador I, IV y V del Artículo 862 según la materia de la acción colectiva de que se trate.

Adelante nos referimos a cada una de ellas

3.1.1. El emplazamiento según el Código Nacional

El Código Nacional define el emplazamiento diciendo que es el acto por el que se hace saber a una persona que se ha iniciado un juicio en su contra para que dentro del término que se señale comparezca a contestar la demanda.

No es muy claro en el procedimiento a seguir para llevarlo a cabo porque no distingue con precisión cómo debe actuar el ministro notificador si a la primera búsqueda encuentra presente en el domicilio a la parte demandada o a otra persona que lo atienda.

Sin embargo si distingue el procedimiento a seguir si no encuentra a nadie en el domicilio o la persona presente se niegue a atenderlo, estableciendo para este supuesto el denominado EMPLAZAMIENTO POR ADHESIÓN, al que adelante me refiero.

Trataré se explicar el primer caso de la siguiente manera:

I. Para el emplazamiento el actuario o ministro notificador debe acudir al domicilio señalado por el actor.

El emplazamiento, dice el Código Nacional, se entenderá con el demandado o con la persona que se encuentre presente. (Sin necesidad de previa cita).

Si el demandado se encuentra presente, o no se encuentra pero atiende alguna persona con quien sea posible realizar la dili-gencia, el actuario procederá a realizar el emplazamiento siguiendo estos pasos:

a. Se debe identificar con la persona que entienda la diligencia y solicitar que a su vez se identifique, asentando su resultado.

b. Debe asentar los medios por los que se cercioró que es el domicilio del demandado, así como los signos exteriores del inmueble que sirvan para comprobar haber acudido a ese domicilio, incluyendo fotografías del exterior y las demás manifestaciones que haga la persona con quien se entienda el emplazamiento.

c. En el caso de que el emplazamiento se entienda por persona distinta del demandado, deberá asentar la relación laborar, su parentesco, relación de negocios de habitación (sic) o cualquier otra que tenga con el demandado.

d. Debe entregar a la persona con quien entienda la diligencia (el demandado o un tercero) los siguientes documentos:

D.1. CÉDULA DE NOTIFICACIÓN en la que hará constar:

1. la fecha y hora; clase de procedimiento, nombre de las partes y la autoridad que ordena la diligencia.
2. transcripción del acuerdo que notifica (auto de radiación)
3. el nombre de la persona a quien se entrega.

D.2. LA COPIA DE TRASLADO, consistentes en copias simples de la demanda y los documentos que el actor agregó a su demanda, o el dispositivo que contengan la reproducción de los anexos citados.

Finalmente debe levantar el ACTA DE LA DILIGENCIA, a la que se agregará copia de la cédula entregada y procurando recabar la firma de la persona que lo atendió.

II. EMPLAZAMIENTO POR ADHESIÓN

Sin en el domicilio no se encuentra el demandado ni persona alguna que reciba la notificación o se niega a recibirla, entonces el actuario procederá a realizar el EMPLAZAMIENTO POR ADHESIÓN, fijando una cita de espera en lugar visible del domicilio.

Si a la hora fijada la parte demandada no atiende la cita y no se encuentra alguna otra persona, realizará el emplazamiento DEJANDO ADHERIDAS EN LUGAR VISIBLE DEL DOMICILIO LA CÉDULA DE NOTIFICACIÓN CON LAS COPIAS DE TRASLADO CORRESPONDIENTES ASÍ COMO EL INSTRUCTIVO EN EL QUE SE EXPLIQUE EL MOTIVO DEL EMPLAZAMIENTO POR ADHESIÓN.

III. EMPLAZAMIENTO POR EDICTOS

En caso de que se desconozca el domicilio del demandado, puede ser emplazado por edictos los edictos que contendrán una relación sucinta de la demanda, y se publicarán por tres veces, de tres en tres días, en el medio de comunicación procesal oficial del Poder Judicial de la entidad federativa o de la Federación, según corresponda, haciéndole saber que debe presentarse dentro de un término que no menor de quince días ni mayor de treinta días, contados a partir del siguiente al de la última publicación.

Si se presenta la persona requerida dentro del término otorgado, será emplazada y empezará a correr el plazo para contestar la demanda al día siguiente. De lo contario, concluido el plazo otorgado para presentarse al tribunal, iniciará al día siguiente el plazo para dar contestación a la demanda.

3.1.2. Notificación de la admisión de la demanda al representante de la colectividad y asociaciones civiles

El auto que admita la demanda deberá notificarse en forma personal al representante legal de la colectividad y al representante de la asociación civil promovente, QUIEN DEBERÁ RATIFICAR LA DEMANDA. No entiendo cuál es el objeto de que el representante legal de la parte actora a estas alturas del proceso ratifique la demanda.

Cualquiera que hubiera, si fuera atendible, en todo caso debiera entonces aplicarse en todos los procedimientos y no en especial al que nos ocupa, pero creo que no la hay, y que en todos los procedimientos, salvo que se dude de la autenticidad de la firma que calza la demanda, el sólo hecho de firmar y presentar una demanda es motivo suficiente para tener por acreditada la intención de la parte actora de ejercer la acción de que se trata.

Esta notificación debe contener:

1. Una relación sucinta de los puntos esenciales de la acción colectiva respectiva. (a. 870)
2. Las características que permitan identificar a la colectividad.

El contenido del apartado primero me parece aceptable, a pesar de que no alcanzo a comprender cuál sea el objeto de esta relación si el actor y el demandado ya tienen en su poder el escrito de demanda en el que se pueden apreciar los puntos esenciales de la acción y están enterados del contenido de la certificación que hemos mencionado.

Por lo que se refiere al apartado segundo, se trata de establecer las particularidades que determinan a la colectividad y la distinguen claramente de otra, para poder reconocer quienes son los miembros que la integran, es decir, los sujetos que sufren la afectación con los actos que se imputan al demandado. (Quienes habiten en un lugar determinado; quienes hayan adquirido un producto determinado; quienes hayan celebrado un contrato determinado, etcétera). El contenido de este último apartado debe quedar especificado en el auto en el que el juez da entrada a la demanda.

Las demás notificaciones a los miembros de la colectividad o grupo se realizarán por estrados.

3.1.3. Notificación del ejercicio de la acción colectiva (a. 868)

En el auto que el juez da entrada a la demanda debe ordenar la notificación a la colectividad del inicio del ejercicio de la acción colectiva, mediante los medios idóneos para tales efectos, tomando en consideración el tamaño, localización y demás características de la colectividad. La notificación, deberá ser económica, eficiente y amplia, teniendo en cuenta las circunstancias en cada caso.

La notificación a la colectividad del inicio del procedimiento es de suma importancia para el demandado, como veremos más adelante, sin embargo no está en su manos determinar los medio a través de los cuales será notificada la colectividad, pues el juez debe determinar cuáles son los medios idóneos para hacer esta notificación, según el tamaño, número de posibles interesados, ubicación y demás características especiales de la colectividad y puede optar por la publicación en un periódico de circulación nacional o local; publicar avisos en un lugar determinado, utilizar medios electrónicos o notificaciones directas a los interesados, con el propósito de que si lo estiman conveniente, SE ADHIERAN A LA ACCIÓN COLECTIVA.

Recordemos que una de las características de esta clase de acciones es precisamente que se refieren a actos que pueden incidir en una colectividad determinada o indeterminada, así que el medio de difusión del inicio de esta acción dependerá del grupo de personas que puedan resultar interesadas.

3.2. Adhesión de los miembros de la colectividad

Los afectados pueden adherirse voluntariamente al ejercicio de la acción durante la substanciación del proceso y hasta dos años posteriores a que la sentencia haya causado estado o en su caso, el convenio judicial adquiera la calidad de cosa juzgada. (a. 871)

Observe esta particularidad de las acciones colectivas: los terceros pueden beneficiarse de la sentencia dictada en un proceso en el que no han intervenido, porque aun cuando no hayan participado, son titulares del derecho que se hizo valer en juicio.

En las acciones colectivas en sentido estricto e individuales homogéneas, dice el Código, cada persona afectada podrá adherirse a través de una comunicación expresa por cualquier medio dirigida al representante legal de la parte actora. Debemos entender que esta adhesión debe hacerse por escrito, indicando su adhesión a la acción, en vista de que el interesado es víctima de la afectación que se hace valer en la demanda, estableciendo cuales son las razones por la que resiente tal afectación y el daño causado.

Si bien la legislación establece la posibilidad de adherirse al ejercicio de una acción colectiva solamente por lo que se refiere a las acciones colectivas en sentido estricto e individuales homogéneas y no establece la manera como los interesados puede adherirse a una acción difusa, considero que los particulares también puede adherirse a esta clase de acciones, pues por su naturaleza, son acciones que interesan a la colectividad y el interés jurídico tutelado es el mismo que en otras dos mencionadas.

Aun cuando es esta clase de acciones los afectados no reciben una prestación pecuniaria por el pago del daño causado,[1] sí reciben la satisfacción del interés que se reclama en juicio. Por eso, para dar solución a este planteamiento, considero que la adhesión en esta clase de acciones –difusas– se debe hacer

---

1 La condena consiste en la restitución de las cosas al estado que guardaban antes de la afectación y en caso de no ser posible, se condena al "cumplimiento sustituto" que si consiste en una cantidad de dinero deberá destinarse al Fondo, al que adelante me refiero.

en los mismos términos que los indicados para las otras acciones, es decir, mediante escrito dirigido al representante de la parte actora. (El particular que inicia la acción difusa, el representante de la asociación civil o quien legalmente representa a la entidad pública que intenta la acción).

El representante a su vez debe presentar este escrito de adhesión al juez que conoce de la acción colectiva y éste proveerá sobre la adhesión reconociendo formalmente al interesado como parte de la colectividad, con los derechos que en consecuencia le corresponden.[2]

El Código parece establecer específicamente una diferencia entre quienes se adhieren a la acción durante el proceso y los que se adhieren con posterioridad, sin embargo a simple vista no soy capaz de apreciarla.

Según el Código el artículo 871 del Código Nacional la diferencia estriba en lo siguiente:

A. Los interesados que se adhieran durante la substanciación del proceso podrán promover el incidente de liquidación en los términos previstos en el artículo 882 del Código Nacional.

B. Los que se adhieran después de que la sentencia haya causado estado o, en su caso, el convenio judicial adquiera la calidad de cosa juzgada, deberán probar el daño causado en el incidente respectivo.

Sin embargo, el artículo 882 del Código Nacional del que nos ocupamos en el capítulo relativo a la ejecución de senten-

---

2 No son realmente significativos los derechos procesales de los adheridos, pues todas las actuaciones procesales se realizan por medio del representante. En todo caso, dependiendo del resultado del juicio, tienen derecho a la indemnización que les pueda corresponder si se logra acreditar el daño causado.

cia, establece indistintamente en ambos casos la obligación de promover el incidente de liquidación en el que el interesado debe probar el daño causado, de manera que no alcanzo a distinguir la diferencia entre adherirse durante el proceso o una vez concluido.

3.4. Contestación de la demanda y excepciones proce-sales en el código nacional

La parte demandada cuenta con **quince días** para contestar la demanda a partir del día siguiente del emplazamiento. El juez podrá ampliar este plazo hasta por un periodo igual, si así lo solicita la parte demandada. (a. 869)

El Código Nacional en la parte de la etapa postulatoria establece una serie de requisitos para la contestación de la demanda que vamos a clasificar en tres apartados:

A. DATOS DE IDENTIFICACIÓN DEL ACTOR Y AUTORIZADO:

1. Nombre y apellidos, denominación o razón social de la parte demandada y de quien actúe en su representación.
2. Revelar pertenece a grupos sociales en situación de vulnera-bilidad y acreditarlo o, en su caso, solicitar el apoyo especial.
3. Domicilio para oír y recibir notificaciones dentro de la jurisdicción del órgano jurisdiccional, número telefónico y dirección electrónica para los mismos efectos.
4. Nombre y domicilio del mandatario (a) judicial con número de cédula profesional y datos de registro en el Tribunal que corresponda.

B. CONTESTACIÓN DE LOS HECHOS Y PRUEBAS

1. DAR RESPUESTA A CADA UNO DE LOS HECHOS de la demanda, aceptándolos, negándolos o manifestando bajo

protesta de decir verdad los que desconozca, apercibida que de no hacerlo o de evadir su respuesta se tendrán por ciertos los hechos expresados por la parte actora.

2. OFRECER PRUEBAS, mencionando con toda precisión los hechos que trata de demostrar y proporcionará nombre y apellido de los testigos.

3. OPONER EXCEPCIONES PROCESALES.

C. FUNDAMENTOS DE DERECHO, PUNTOS PETITORIOS Y FIRMA

1. Procurará citar preceptos legales, convencionales, criterios de jurisprudencia o doctrina, o principios jurídicos aplicables
2. Puntos petitorios.
3. La firma de puño y letra o electrónica avanzada de la parte demandada o del representante legal.

AL ESCRITO DE CONTESTACIÓN DE DEMANDA DEBE AGREGAR:

1. El documento que acredite la personalidad.
2. Todos los documentos, sean o no base de la excepción.
3. Copia del escrito de contestación y documentos anexos.

3.4.1. Excepciones procesales

El Código Nacional define las excepciones procesales, diciendo que procesales son las oposiciones de la parte demandada para impugnar o contradecir el procedimiento, sin atacar el derecho sustantivo en litigio, las cuales se deben resolver antes del dictado de la sentencia definitiva. (Artículo 62).

Enumera las siguientes excepciones procesales: (a. 63)

1. Incumplimiento del plazo o condición a que esté sujeta la obligación
2. Improcedencia de la vía
3. Incompetencia de la autoridad jurisdiccional
4. Litispendencia
5. Conexidad de la causa
6. Falta personalidad o capacidad del actor o demandado
7. Cosa juzgada, y
8. Remisión al arbitraje
9. Las demás a las que les den ese carácter las leyes.

Estas excepciones deben oponerse al contestar la demanda o la reconvención, y se tramitan dando vista a la contraria por tres días sin suspender el procedimiento.

Veremos brevemente en que consiste cada una de estas excepciones procesales:

1. Incumplimiento del plazo o condición

Esta excepción se refiere al caso de que la acción esté sujeta a un plazo o condición que aún no se hayan cumplido. Aun cuando estas excepciones debieran considerarse como perentorias, porque tienen como consecuencia la improcedencia de la acción, el Código las considera como excepciones procesales.

El plazo es un acontecimiento futuro y cierto del cual depende el nacimiento o extinción de un derecho o de una obligación. Cuando se asume una obligación sujeta a un plazo, el actor evidentemente no puede exigir su cumplimiento antes del vencimiento del plazo, y si lo hiciere, el demandado puede oponer como excepción el incumplimiento del plazo que se le concedió para el cumplimiento.

En ese sentido, esta excepción aparece como procesal, porque impide el ejercicio actual de la acción de pago, hasta en tanto se vence el plazo concedido para el cumplimiento.

Por su parte, la condición es un acontecimiento futuro e incierto del cual depende el nacimiento o extinción de un derecho o de una obligación. La condición puede ser suspensiva o resolutoria, según dependa de ella la exigibilidad de una obligación o su extinción. Así, cuando el acreedor exige el cumplimiento de una obligación sujeta a condición suspensiva, el deudor puede oponer como excepción la falta del cumplimiento de la condición suspensiva a que está sujeta la obligación, lo que hace que ésta no sea aún exigible.

Cuando se demanda el cumplimento de una obligación sujeta a condición resolutoria, según sea el caso, el demandado puede oponer como excepción la falta de cumplimiento de esa condición, que en su caso extinguiría el derecho del actor o del demandado según corresponda, pero en tanto no se cumpla la condición el derecho sigue vigente.

2. Improcedencia de la vía

Esta excepción procede cuando la vía en que se intenta la acción no es la correcta. Cuando se declare procedente la excepción el efecto será el de continuar el procedimiento para el trámite del juicio en la vía que se considere procedente declarando la validez de lo actuado, sin perjuicio de la obligación de la autoridad jurisdiccional para regularizar el procedimiento de acuerdo con la vía que se declare procedente. (Artículo 65)

La vía para la procedencia de las acciones colectivas está perfectamente definida en el Código, así que resulta poco probable que el acto equivoque la vía en la que debe ejercer esta acción.

En razón de que el Código contempla la improcedencia de la vía como una excepción, considero que el juez debe abstenerse de revisar la procedencia de la vía cuando el demandado no opone esta excepción, porque entonces, si omitió oponer tal excepción, se entiende conforme con la vía en que se le demanda.

3. Incompetencia de la autoridad jurisdicción

La excepción debe oponerse cuando el juez ante quien se interpuso la demanda no es competente para conocer del juicio, de acuerdo a las reglas de la competencia por materia, grado, territorio o cuantía.

Se conoce con el nombre de Incompetencia por Declinatoria cuando se opone ante el juez que está conociendo del juicio, el que consideramos que es incompetente, pidiéndole que decline el conocimiento del proceso a favor del juez que consideramos que es competente. También podemos promoverla ante el juez que consideramos que es el competente para conocer del proceso, pidiéndole que solicite al juez incompetente que se inhiba del conocimiento del juicio, y en este caso se conoce con el nombre de Incompetencia por Inhibitoria.

4. Litispendencia

Supone la existencia de dos juicios, en los que existe identidad de partes, de acciones y de cosas, y uno de ellos, el primero, aún no ha sido resuelto por sentencia que cause estado. Procede si una persona es demandada por otra, ejerciendo una acción y posteriormente, aun cuando este juicio no ha concluido, es demandada nuevamente por la misma persona que antes lo demandó, ejerciendo la misma acción, sobre la misma cosa.

En el caso de la litispendencia, las partes deben tener en ambos juicios el mismo carácter de actor y demandado.

Cuando se interpone esta excepción, es necesario:

a. Señalar el juzgado (incluyendo número de expediente) en donde se tramita el primer juicio

b. Declarar bajo protesta de decir verdad que no se dictado sentencia definitiva en el juicio primeramente promovido.

c. Presentar copia autorizada de la primer demanda, su con-testación y constancia del emplazamiento en el primer juicio.

Si se declara procedente esta excepción, el segundo juicio queda sin efecto, y se continúa tramitando el primero. Esta excepción de litispendencia procede indistintamente si ambos juicios se tramitan en el mismo tribunal o en tribunales distintos, y se resuelve la procedencia de esta excepción por el juez que conoce del segundo litigio, que es en donde se debe plantear la excepción.

5. Conexidad de litigios

Presume la existencia de dos juicios, en los que existe: Identidad de personas y acciones, aunque los bienes sean distintos; Identidad de personas y bienes, aunque las acciones sean distintas; Acciones que provengan de una misma causa, aunque sean diversas las personas y los bienes, y la Identidad de acciones y de bienes, aunque las personas sean distintas.

En el caso de la conexidad, las partes no necesariamente deben tener en ambos juicios el mismo carácter de actor y demandado.

Cuando se interpone esta excepción, es necesario:

a. Señalar el juzgado (incluyendo número de expediente) en donde se tramita el juicio conexo.

b. Declarar bajo protesta de decir verdad el estado que guarda.

c. Presentar copia autorizada de la primer demanda, su con-testación y constancia del emplazamiento en el primer juicio.

Cuando se declara procedente la excepción de conexidad, ambos juicios pueden tramitarse por separado o acumularse, pero ambos juicios seguirán su trámite en el mismo tribunal y serán resueltos en una sola sentencia, a diferencia de la litispendencia, en donde el segundo queda sin efecto.

Esta excepción procede indistintamente si ambos juicios se tramitan en el mismo tribunal o en tribunales distintos, y su trámite es el mismo. Siempre se resuelve la procedencia de esta excepción por el juez que conoce del segundo litigio, que es en donde se debe plantear la excepción, y si se resuelve procedente, el juez debe, en su caso, remitir los autos al tribunal que conoce del primer juicio (litigio conexo). Si los litigios se encuentran radicados en el mismo tribunal, se continúa su trámite hasta que ambos sean citados a sentencia, y se acumulan para resolver en una misma sentencia ambos procedimientos.

La excepción de conexidad no procede en los siguientes casos:

a) Cuando los juicios están en diversas instancias;

b) Cuando las autoridades jurisdiccionales que conocen de los juicios pertenezcan a autoridad jurisdiccional de segunda instancia o Poder Judicial diferente

c) Cuando ambos juicios tengan trámites incompatibles, y

d) Cuando se trate de un procedimiento que se tramite en el extranjero.

6. Falta de personalidad o capacidad. De las par-tes o el representante

A. La falta de personalidad implica la omisión del que comparece en representación de otro, de acreditar la representación que ostenta. Existe "falta de personalidad" cuando no se acredita el carácter con el que el representante actúa en nombre de su representado, o cuando este documento adolece de algún vicio. Se refiere a acreditar la facultad que una persona tiene para obrar en nombre de otra, a la representación procesal.

En caso de que se declare procedente la excepción de falta de personalidad, "si es subsanable la omisión", el juez debe conceder al interesado un plazo de diez días para que la subsane. Si no lo hiciere, y se trata del actor, el juez dará por terminado el juicio, y si se trata del demandado, entonces el juicio se sigue en rebeldía, como si no hubiera contestado la demanda.

B. La falta de capacidad se refiere a la incapacidad de ejercicio, a la incapacidad para comparecer en juicio, p.ej. un menor o un incapaz.

7. Cosa juzgada

Esta excepción tiene un trato especial tratándose de acciones colectivas, por lo que la estudiaremos más adelante.

Adelantamos que el Código dispone que además de la copia certificada o autorizada de la demanda y contestación de demanda, deberá exhibirse copia certificada o autorizada de la sentencia de segunda instancia o, la de la autoridad jurisdiccional de primera instancia y del auto que la declaró ejecutoriada.

Una Sentencia causa ejecutoria o estado cuando queda firme, es decir, cuando no puede ser combatida mediante ninguno de los medios de impugnación ordinarios establecidos por el Código. Se considera entonces que la sentencia causó estado, que causó ejecutoria, que es una sentencia firme, también llamada sentencia ejecutoriada porque ya no se puede impugnar, y consecuentemente ya no podrá ser modificada. Todos estos conceptos son utilizados indistintamente como sinónimos.

La cosa juzgada en principio requiere identidad de partes, acciones y cosas o prestaciones en dos procedimientos judiciales, en donde el primero ya concluyó por una sentencia firme.

8. LA REMISIÓN AL ARBITRAJE

Esta excepción es procedente cuando las partes previamente hayan convenido que en caso de algún conflicto, someterán sus diferencias al arbitraje.

3.5. Vista a la parte actora con la contestación

Una vez contestada la demanda, se dará vista a la parte actora por cinco días para que manifieste lo que a su derecho convenga. Esta notificación se hace por medio de lista. Artículo 869 del Código Nacional

En el escrito de contestación de esta vista, el representante de la parte actora deberá presentar argumentos para combatir, en su caso, los medios de defensa utilizados por el demandado.

3.6. Fecha para Audiencia previa y de conciliación

Realizada la notificación al representante legal de la parte actora, el juez debe señalar de inmediato fecha y hora para la celebración de LA AUDIENCIA PREVIA Y DE CONCILIACIÓN, la cual se llevará a cabo dentro de los diez días siguientes. (Artículo 872)

Considero sin embargo que el juez deberá fijar fecha para el desahogo hasta que la parte demandada conteste la demanda y el actor la vista que de ella se le manda dar.

Lo anterior las notificación a que se refiere el Código se trata de la notificación al representante de la parte actora del auto que admite la demanda y dice que una vez realizada esta notificación el juez debe fijar fecha para la celebración de esta audiencia.

En este momento evidentemente es imposible que el juez fije fecha para una audiencia que debe celebrarse según dice el Código, dentro de los diez días siguientes, pues para esta fecha aún no se ha vencido siquiera el plazo para que el demandado de contestación a la demanda, así que resulta imposible celebrar una audiencia previa y de conciliación, en la que si las partes no llegan a un acuerdo, el juez ordene que se abra el juicio a prueba, cuando el demandado aún no contesta la demanda ni el actor la vista.

3.7. Audiencia previa y de conciliación

En la audiencia el juez debe exhortar a los interesados para que solucionen el conflicto, proponiendo alternativas de solución. La audiencia, como su nombre lo indica, tiene por objeto la conciliación para dar por concluido el proceso. (a. 872)

Si las partes no llegan a un acuerdo en esta audiencia, pueden celebrar el convenio para dar por terminada la controversia en todo momento, hasta antes de que cause estado la sentencia que resuelva el litigio. En este último caso, considero que pueden aún llegar a un convenio sobre el importe de la indemnización por el daño causado.

Si las partes llegan a un acuerdo, el juez de oficio debe revisar que lo estipulado por las partes sea legalmente procedente y que los intereses de la colectividad de que se trate queden debidamente protegidos.

Antes de sancionar el convenio, el juez deberá dar vista por un plazo de diez días a las entidades públicas a que nos hemos referido. La vista se da a la dependencia correspondiente según la materia de que se trate y a la Fiscalía General de la República.

En el desahogo de la vista, estas entidades públicas podrán expresar si los términos del convenio son apropiados para la solución del problema. El Código tampoco establece si tal vista debe darse en las Oficinas centrales o en alguna delegación de los Estados o de la Ciudad en donde se lleve el juicio, lo cual me parece idóneo en aras de dar celeridad al procedimiento.

También, dice el Código que el juez debe escuchar la opinión de los miembros de la colectividad. Sin embargo, no expresa la manera como debe hacerles saber el contenido del convenio para que expresen su opinión. Debemos suponer que lo hará por los mismos medios utilizados para hacer del conocimiento de la colectividad la admisión de la demanda.

Una vez escuchadas las manifestaciones de los miembros de la colectividad, si las hubiere y desahogada la vista a las entidades públicas a que nos referimos, el juez podrá aprobar el convenio elevándolo a la categoría de cosa juzgada.

En caso de que las partes no lleguen a un acuerdo, el siguiente acto procesal corresponde al periodo probatorio que veremos a continuación, para luego ocuparnos de las siguientes etapas del proceso.

4. OBSERVACIONES DE LA LEY FEDERAL DE PROTECCIÓN AL CONSUMIDOR EN MATERIA DE ACCIONES COLECTIVAS

La Ley Federal de protección al Consumidor no contiene un capítulo específico acerca de acciones que puedan afectar a una colectividad de consumidores. Solamente contiene alguna medidas precautorias, de aseguramiento y publicidad en caso de que se puedan afectar a lo que denomina una colectividad de consumidores, como sinónimo de público en general.

En el primer y segundo caso, dispone que cuando se afecte o pueda afectar la vida, la salud, la seguridad o la economía de una colectividad de consumidores, puede ordenar la inmovilización de envases, bienes, productos y transportes; el aseguramiento de bienes , la suspensión de la comercialización de bienes, productos o servicios o bien, ordenar el retiro de bienes o productos del mercado.

Referente a medidas de publicidad, establece la posibilidad de notificar a los consumidores sobre las acciones u omisiones de los proveedores que afecten sus intereses o derechos, así como la forma en que los proveedores los bonificarán, debiendo éstos acreditar el cumplimiento de dicha orden. (Artículo 98 bis.)

Respecto de acciones colectivas propiamente dichas, solo contiene la disposición del artículo 26 que dice lo siguiente:

> *Artículo 26.- Cuando se realicen actos, hechos u omisiones que vulneren derechos e intereses de una colectividad o grupo de consumidores, la Procuraduría, así como cualquier legitimado a que se refiere el artículo 585 del Código Federal de Procedimientos Civiles, podrán ejercitar la acción colectiva conforme lo dispuesto en el Libro Quinto de dicho Código.*

APARTADO SEGUNDO.
NOTIFICACIONES Y TÉRMINOS JUDICIALES

Contenido: *1. Notificaciones Personales en el Código Nacional. 2. Notifica-ciones por lista o Medio de Comunicación Oficial (Lista de Acuerdos). 3. Términos judiciales . 4. La Caducidad*

Estudiaremos en este apartado las notificaciones judiciales como un medio de comunicación a través del cual la autoridad jurisdiccional hace saber a las partes las resoluciones que ha dictado durante el procedimiento.

Las resoluciones judiciales deben hacerse saber a las partes para que tengan conocimiento de su contenido y actúen de acuerdo a sus intereses. La forma a través de la cual se hace del conocimiento de las partes una resolución judicial, se llama NOTIFICACIÓN. Cuando un tribunal notifica a las partes una resolución quedan legalmente enteradas de los términos de ese proveído.

Las notificaciones se hacen de dos formas:

1. En forma personal o,
2. Por medio de lista.

Existen las notificaciones hechas por cédula, instructivo, correo electrónico o edictos que son formas de hacer notificaciones personales. Por exclusión, las notificaciones que no se hacen en forma personal, se hacen por medio de lista.

Las notificaciones a las partes, dice el artículo 870 del Código Nacional que se encuentra dentro del Título relativo a las acciones colectivas, se realizarán de acuerdo a los que se establece en el Código en el apartado correspondiente, a menos que se disponga lo contrario en ese Título.

Salvo la notificación a los miembros de la colectividad del inicio de la acción colectiva, el Título de las acciones colectivas no contiene disposiciones especiales en materia de notificaciones.

El segundo párrafo del mismo artículo dispone que las demás notificaciones a la colectividad o grupo se realizarán por estrados y a través del uso de la tecnologías y que las notificaciones a las partes se realizarán en los términos que establece el Código.

Analicemos ahora la forma de realizar las notificaciones en el Código Nacional, según sea personal o por lista:

1. NOTIFICACIONES PERSONALES EN EL CÓDIGO NACIONAL

El Código dispone que las notificaciones deben realizarse por el *"medio de comunicación oficial"* de cada entidad federativa e incluye las siguientes definiciones:

I. Emplazamiento como el primer acto procesal por medio del cual se hace saber a una persona que se ha iniciado un juicio en su contra, para que comparezca a contestar la demanda.

II. Notificación, es el acto jurídico mediante el cual el juez da a conocer el contenido de una resolución a las partes.

III. Citación, es un llamamiento para que alguna persona comparezca o intervenga en la práctica de alguna diligencia.

IV. Requerimiento, es el medio a través del cual el juez conmina a las partes o a terceros, para que cumplan con un mandato judicial.

Ya vimos el procedimiento para realizar el emplazamiento. Solamente agregaré que si la persona a la que debe notificarse no se encuentra en su domicilio, puede realizarse en el lugar en donde trabaje o en el lugar en donde se localice, con la condición de que esa persona firme el acta correspondiente y si se niega deberán firmar en unión del notificador 2 testigos.

De las notificaciones en general, el artículo 205 dispone que pueden hacerse de la siguiente manera:

1. Personalmente, por cédula, por instructivo, por adhesión o por correo electrónico.
2. Por medio de comunicación oficial según corresponda
3. Por edictos, correo certificado o telégrafo
4. Por cualquier otro medio de comunicación electrónica, mediante dispositivos físicos o móviles, autorizados por el Consejo de la Judicatura según la Ley Orgánica del Poder Judicial correspondiente.

En el artículo 210 establece cuáles son las notificaciones que se deben hacer de manera personal:

1. El emplazamiento o la primera resolución que se dicte en juicio y el auto que admite la reconvención.
2. La primera resolución que se dicte cuando se deje de actuar por más de 6 meses. En caso de ejecución de sentencia o convenio judicial, si se solicita fuera de los 3 meses.
3. Si se estima que se trata de un caso urgente y el requerimiento de un acto a quien que deba cumplirlo.
4. La primera resolución dictada por el órgano jurisdiccional distinto al que previno en el conocimiento, y
5. En los demás casos que el Código lo disponga.

Agregare el contenido del artículo 204 que dispone que *las partes pueden autorizar que las notificaciones posteriores a la demanda, incluyendo las personales, se practiquen* POR CORREO ELECTRÓ-

NICO. Para ello se debe proporcionar la información necesaria, como una dirección de correo electrónico.

De las notificaciones personales posteriores a la demanda señala que cuando no se haya solicitado que se realicen por medio de correo electrónico, deben realizarse en el domicilio señalado para recibir notificaciones entregando a la persona que se encuentre presente una cédula de notificación en la que se debe hacer constar la fecha y hora en que se entregue; la clase de procedimiento; nombres y apellidos de las partes; el órgano que ordena la diligencia; una transcripción de la resolución que se notifica y nombre y apellido de la persona que la recibe.

2. NOTIFICACIONES POR LISTA O MEDIO DE COMUNICACIÓN OFICIAL (LISTA DE ACUERDOS)

En relación a las notificaciones no personales, el Código Nacional (artículo 214) establece que las resoluciones que se dicten se notificarán a través del *medio de comunicación procesal oficial,* que debe contener una lista de los asuntos que se hayan acordado cada día expresando solo el número de expediente, nombres y apellidos de las partes y clase de juicio.

El *medio de comunicación oficial* que menciona se refiere a la lista de acuerdos que comúnmente conocemos.

Explicaremos brevemente cual es el procedimiento de donde resulta esta lista de acuerdos:

Cuando el Tribunal recibe una promoción judicial, es decir, un escrito presentado por las partes, debe acordar lo que solicitamos en esa promoción y hacer saber a los interesados los términos del acuerdo o resultado de su solicitud, para que queden enterados de su contenido, lo mismo debe hacer con las sentencias y demás actuaciones judiciales que requiere hacer saber a las partes.

Para ese efecto se elabora una lista que contiene todos los acuerdos, sentencias y resoluciones en general emitidas durante el día y se publica al día siguiente.

Observe que podemos distinguir en una resolución judicial tres fechas que procesalmente tienen un significado distinto:

1. La fecha en que fue dictada.
2. La fecha en que fue publicada.
3. La fecha en que surtió efectos.

La lista de acuerdos lleva ese nombre porque es precisamente una "lista" de los acuerdos dictados por el tribunal durante el día en que se elabora, que se publica diariamente al día siguiente en los estrados de los juzgados. La lista de acuerdos se firma por el secretario del tribunal y se publica al inicio de sus labores, para que los interesados queden enterados de los asuntos en los que se ha emitido y actúen en consecuencia, de acuerdo a su contenido.

Si los interesados acuden o no ese día, formalmente quedan enterados del contenido de la resolución al día siguiente.

Es importante aclarar que la resolución judicial es válida desde el momento mismo en que se publica en la lista de acuerdos del tribunal, y es la notificación la que surte efectos hasta que transcurre el plazo antes señalado.

No obstante, aun cuando no es común que suceda, los intere-sados pueden presentarse el mismo día que se publica un acuerdo y solicitar ser notificados en forma personal de su contenido, en cuyo caso, levantada el acta correspondiente, la notificación surte efectos el mismo día en que se publicó el acuerdo.

También el código establece la posibilidad de que se autorice un correo electrónico para que por ese medio se realicen las notificaciones, aun las personales.

El artículo segundo del mismo Código Nacional define así el concepto de *Medio de comunicación procesal oficial:*

> El boletín judicial, lista de acuerdos, lista electrónica de acuerdos o medios electrónicos o informáticos por los que la autoridad jurisdiccional, ... hace del conocimiento de las partes, la emisión de una resolución judicial.

LAS NOTIFICACIONES A TRAVÉS DE ESTE MEDIO DE COMUNICACIÓN OFICIAL LA LISTA, SURTEN EFECTOS AL DÍA SIGUIENTE DE LA PUBLICACIÓN DE LA LISTA. (Artículo 211)

Para completar el estudio de este tema, veremos a continuación lo relativo a los TÉRMINOS JUDICIALES.

3. TÉRMINOS JUDICIALES

Un término judicial es el lapso, espacio de tiempo o plazo dentro del cual debe realizarse una actuación procesal para que sea legalmente válida. Doctrinalmente se ha establecido la diferencia entre el concepto "plazo" y "término", sin embargo el Código no establece diferencia entre ambos conceptos, inclusive los utiliza como sinónimos.

La importancia del estudio de los términos procesales consiste en determinar la forma en que se cuenta su duración, cuándo inician y cuándo concluyen y los principios que los rigen.

La mayoría de los términos procesales son periodos de tiempo que se cuentan a partir de un momento determinado.

El momento a partir del cual debemos iniciar a contar un término o plazo, se determina a su vez por la forma en que se hizo la notificación a las partes de la resolución judicial que lo concede o establece.

Para determinar a partir de qué momento transcurre un término judicial, o a partir de qué momento inicia a contar, debemos atender a la fecha y forma en que se hace la notificación de la resolución judicial que lo establece y saber en qué momento se tiene por hecha una notificación.

Según el artículo 227, los términos empezarán a correr:

1. El día siguiente en que se hubiere hecho el emplazamiento o notificación personal.
2. Fuera de los casos señalados en la fracción anterior, el día siguiente a aquel en que surtió efectos la notificación realizada por el medio de comunicación procesal oficial
3. La notificación realizada por medio de comunicación judicial surtirá efectos el mismo día a aquel en que por sistema se confirme que recibió el archivo electrónico correspondiente
4. También podrán notificarse por correo certificado y el plazo correrá a partir del día siguiente hábil en que fue recibida la notificación, y
5. En las audiencias del juicio oral las resoluciones dictadas por la autoridad jurisdiccional surtirán efectos en el momento en que las emita, estén o no presentes las partes.

Entonces concluimos que los términos judiciales inician a contar a partir del día siguiente en que surte efectos una notificación personal y a partir del día siguiente en que surte efectos la notificación hecha por lista. Observe los siguientes ejemplos:

Notificación personal

Acuerdo de Fecha	Notificación Personal	Surte efectos	Inicia el término
X	Martes 2 de abril	Martes 2 de abril	Miércoles 3 de abril

NOTIFICACIÓN POR LISTA

Acuerdo de fecha	Publicación en la lista	Surte efectos	Inicia el término
Lunes 1 de Abril	Martes 2 de abril	Miércoles 3 de abril	Jueves 4 de abril

El Código establece que para fijar la duración de los términos judiciales, debemos atender a las siguientes disposiciones: (Artículo 233)

1. Los días se cuentan de 24 horas naturales, de las 24 a las 24 horas. (De las 12:00 a.m. a las 11:59 p.m.)
2. Los meses por el número de días que le correspondan.
3. En ningún término se deben incluir los días en que no puedan tener lugar actuaciones judiciales. (días inhábiles)

No debe contarse dentro de los términos judiciales el día en que la notificación surtió sus efectos, porque no está completo, y debemos tomar al siguiente día hábil que si cuenta con veinticuatro horas. Desde luego debemos excluir de los términos judiciales los días inhábiles que señala el artículo 149.

También establece en el artículo 176 que cuando la ley no señala término para la práctica de algún acto judicial o para el ejercicio de algún derecho, se tendrán por señalados 10 días para pruebas y 3 días en cualquier otro caso.

En los casos en que exista un término que sea común para las partes, éste iniciará a contar a partir de la fecha en que se haga la notificación a la última de las partes interesadas. Esto es así porque de lo contrario, en los casos de los términos comunes, como el periodo probatorio, tendríamos el problema que para uno empieza en una fecha y para otros en otra. Artículo 228)

Según el mismo artículo, solamente se consideran comunes los términos expresamente señalados, incluyendo el plazo para contestar la demanda en coso del litisconsorcio pasivo, por lo que cualquier otro será individual para cada una de las partes.

4. LA CADUCIDAD

La caducidad es una sanción procesal que se impone a las partes porque no realizan actuaciones o promociones tendientes a agilizar el procedimiento, el recurso o un incidente. Tiene como efecto la extinción del procedimiento, segunda instancia o el incidente promovido.

El plazo para la caducidad es el siguiente:

A. Primera Instancia: 45 días hábiles
B. Segunda Instancia: 30 días hábiles
C. Incidentes: 15 días hábiles

La caducidad de la instancia puede decretarse de oficio o a petición de parte, y la razón por la que procede al transcurrir el plazo antes apuntado, es que la Ley presume que las partes abandonan el procedimiento porque han perdido interés continuarlo.

En primera instancia la declaración de caducidad tiene como consecuencia que la instancia se extingue y queda sin efecto todo lo actuado, sin perjuicio de que los interesados puedan intentar nueva-mente la demanda, porque con la caducidad se extingue únicamente la instancia, no la acción. Si bien la presentación de la demanda interrumpe la prescripción, la declaración de caducidad deja sin efecto esa interrupción, por lo que la acción puede intentarse nuevamente, salvo que hubiera prescrito la acción.

En segunda instancia, la caducidad extingue la instancia, quedando sin efecto el recurso que la motivó y firme la resolución recurrida, pero la primera instancia queda vigente y también los procedimientos que en segunda instancia se hayan iniciado para dar trámite a otros recursos.

En el caso de los incidentes, solamente queda sin efecto el mismo incidente.

La caducidad solamente se interrumpe con promociones que las partes realizan siempre que tengan por objeto impulsar el procedimiento y relación directa con el procedimiento que se está ventilando.

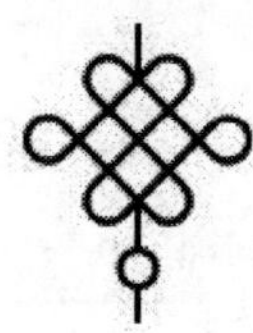

Capítulo Tercero

Periodo probatorio y Medios de Prueba

APARTADO PRIMERO
PERIODO PROBATORIO

Contenido: 1. Duración del período probatorio. 2. Admisión de pruebas. 3. Audiencia de Juicio en el Código Nacional. 4. Las Audiencias en el Código Nacional.

Para dar continuidad al procedimiento, en caso de que las partes no lleguen a un acuerdo en la audiencia previa y de conciliación, el juez procederá a abrir el juicio a prueba. (a. 873)

El Código Nacional establece que el juicio se abre a prueba concediendo a las partes UN PERÍODO DE TREINTA DÍAS COMUNES PARA SU OFRECIMIENTO Y PREPARACIÓN, aclarando que no es necesario que la parte actora ofrezca y desahogue pruebas en forma individual por cada miembro de la colectividad (a. 877). El juez a instancia de parte puede otorgar una prórroga hasta por diez días.

El Código dice en el artículo 873 que el término señalado es para ofrecer y preparar pruebas y dispone la posibilidad de que las partes ofrezcan prueban durante la audiencia "previa y de conciliación" o antes, agregando que en esa misma audiencia, las partes pueden celebrar acuerdos sobre hechos no controvertidos.

Inmediatamente después, se refiere, sin más, A LA AUDIENCIA DE JUICIO, en la que se dice, observarán las reglas establecidas en el mismo código, que no se oponga al procedimiento que estudiamos.

2. ADMISIÓN DE PRUEBAS

Respecto de la admisión de pruebas, el Código no establece en qué momento el juez debe pronunciarse, pero dice que la admisión de pruebas es irrecurrible, por lo que debemos suponer que el juez debe dictar una resolución en la que las admita.

Enseguida hace mención a que el juez debe dictar sentencia dentro de los treinta días hábiles siguientes a la audiencia de juicio.

No dice más sobre el tema.

3. AUDIENCIA DE JUICIO

De esta manera, para desentrañar lo que el legislador pretendió establecer en esos preceptos, primero analizaremos el contenido de la audiencia de juicio según el mismo Código para después hacer algunos comentarios sobre esta audiencia.

La audiencia comprende cuatro etapas: (Artículo 466 a 468)

1. Alegatos de apertura de las partes, para exponer sus respectivas teorías del caso.
2. Desahogo de pruebas en el orden que el juez establezca
3. Alegatos de cierre.
4. Enseguida se declarará el asunto visto ...".

No encuentro la manera de explicar la forma como se va a desarrollar esta audiencia, si de acuerdo a las disposiciones general del Código, debe ser grabada, pero no existe ninguna mención en el apartado de las acciones colectivas que indique

que así sea, por lo que deberemos atender lo dispuesto por el artículo 7 de Código Nacional que establece los principios rectores del sistema de impartición de justicia, entre las que se encuentra el de oralidad, en donde expresa los siguiente:

> ORALIDAD. El proceso se desarrollará en audiencias orales, salvo las excepciones previstas en este Código Nacional y las que, en casos debidamente fundados y motivados, considere la autoridad jurisdiccional.

Dado que en capítulo que estudiamos no prescribe una regla de excepción, puedo afirmar que dicha audiencia será grabada, siguiendo las reglas de las audiencia que establece el mismo Código y veremos a continuación, agregando el deber de las partes de asistir a las audiencias por sí o por medio de su representante autorizada con facultades necesarias para celebrar el convenio correspondiente.

4. AUDIENCIAS EN EL CÓDIGO NACIONAL

De acuerdo al Artículo 140 y siguientes del Código Nacional en las audiencias se observarán las siguientes reglas:

A. *El juez tendrá las siguientes facultades y obligaciones:*

- Debe presidir las audiencias, que serán públicas salvo disposición expresa de la ley.
- Debe de mantener el orden, evitar digresiones, faltas de decoro y probidad, y exigir que se guarde el debido respeto a toda persona presente pudiendo imponer las correcciones disciplinarias

PRECLUSIÓN DE DERECHO

- Determinará el inicio y la conclusión de cada una de las etapas de las audiencias, precluyendo los derechos procesales que debieron ejercitar las partes en cada una de ellas.

- Debe permitir que se incorpore la parte que asista tardíamente a la audiencia en la etapa en que ésta se encuentre.
- Podrán decretar los recesos que a su juicio sean necesarios o las partes le soliciten.
- Señalará el orden del desahogo de las pruebas atendiendo a la propuesta de las partes.
- Podrá interrogar a los testigos, peritos y a las partes, sin romper el principio de contradicción.
- Dirige el debate, moderando la discusión, impidiendo alegatos que se desvíen el debate y limitar el tiempo y número de veces el uso de la palabra a las partes, interrumpiendo a quienes hagan uso abusivo de su derecho.
- Una vez que testigos, peritos o partes concluyan su intervención, podrán autorizar que retirarse cuando así lo soliciten.
- Podrá diferir o suspenderla audiencia por caso fortuito o fuerza mayor, o cuando de las partes de común acuerdo lo soliciten.
- Podrá limitar el ingreso del público, conforme las disposiciones aplicables en materia de protección civil.
- Dará fe de todo lo actuado en la audiencia respectiva.

ACTA MÍNIMA

- Al terminar las audiencias levantará acta en el expediente físico que debe contener, cuando menos, el lugar, la fecha, el expediente y la autoridad jurisdiccional al que corresponda; el nombre de los participantes, una relatoría sucinta del contenido de la audiencia y su firma autógrafa o electrónica avanzada.

B. *Respecto de las audiencias prescribe lo siguiente:*

- Se registrarán por medios electrónicos.
- Al inicio de las audiencias la secretaria judicial, hará constar oralmente en el registro a que menciona el apartado anterior, la fecha, hora y el lugar de realización, datos del asunto y el nombre de quien presida la audiencia.
- Quienes intervengan en las audiencias deben identificarse.
- Los testigos y las partes cuando declaren o sean interrogadas, o los peritos, protestarán declarar con verdad, haciéndoles saber las penas que impone la Ley a quienes declaren con falsedad.
- La secretaria debe certificar el medio en donde se encuentre registrada la audiencia e identificar dicho medio con el número de expediente. La conservación de los registros de audio y video estará a su cargo y las partes podrán solicitar copia certificada.
- La conservación de registros de audios y video de las audiencias se realizará a través de medios que permitan garantizar la fiabi-lidad e integridad de la información, así como la reproducción de su contenido y acceso al mismo.
- Queda prohibida la reproducción, difusión o puesta a disposición de las constancias, videos o audio grabaciones de las audiencias, en términos de las leyes de transparencia, acceso a la información y protección de datos personales que resulten aplicables.

APARTADO SEGUNDO
LAS PRUEBAS EN EL CÓDIGO NACIONAL DE PROCEDIMIENTOS CIVILES

Contenido: 1. Declaración de parte propia o contraria. 2. Declaración de testigos. 3. La prueba pericial. 4. Prueba Documental Física y Electrónica. 4.2. Objeción de documentos. 4.3. Falsedad de documentos. 5. La inspección judicial. 6. Prueba de Informes. 7. La prueba Presuncional. 8. Fotografías, copias fotostáticas, y otros elementos de prueba. 9. La instrumental de actuaciones. 10. Valor Judicial de las Pruebas. 11. La Etapa de Alegatos.

INTRODUCCIÓN

El Código Nacional regula el apartado relativo a la prueba en general, a partir del principio de que la parte actora debe probar los elementos de su acción y la demandada su excepción, incluyendo la carga a cada una de las partes de vigilar el desahogo de las pruebas ofrecidas. Destacaremos los siguientes puntos de interés en materia regulatoria de la prueba:

- Las partes, para soportar su acción, excepciones y defensas, así como acreditar los hechos, podrán ofrecer medios de prueba que no sean contrarios a derecho; resulten pertinentes e idóneas; guarden relación con los hechos narrados y cumplan con los requisitos de ofrecimiento previstos en el Código.
- Las pruebas d*eben ofrecerse expresando con toda claridad cuál es el hecho o hechos que se pretende probar y el nombre y domicilio de testigos y peritos, y pidiendo la citación de la contraparte para responder al interrogatorio respectivo.*
- No es necesario proporcionar el domicilio de los testigos, cuando la oferente se obligue a presentarlos al tribunal.

- El juez puede en todo momento ordenar la práctica o amplia-ción de cualquier diligencia probatoria, tomando en cuenta cualquier que afecte el equilibrio procesal.
- El que niega no está obligado a probar. Es decir, los hechos negativos no están sujetos a prueba, dada su imposibilidad física y material de probarlos.

Esta regla tiene las siguientes excepciones, según el artículo 82 del Código:

a) Si la negación implica la afirmación expresa de un hecho

b) Si se desconoce la presunción legal que tenga a su favor el colitigante

c) Si negativa es un elemento de la acción o excepción.

- La prueba en general y los medios de prueba no son renunciables
- Solamente los hechos están sujetos a prueba, el Derecho solo si se trata de normas diversas de las generales o se basa en usos o costumbres.
- El juez aplicará el derecho extranjero como lo harían los tribunales del Estado cuyo derecho resulte aplicable.
- Los tribunales deben a recibir todas las pruebas ofrecidas por las partes, siempre que estén reconocidas por la ley.
- Los hechos notorios no requieren ser probados. El juez de oficio puede tomarlos en consideración como prueba.
- Los medios de prueba pueden desahogarse mediante audiencias virtuales. (Uso de medios electrónicos)
- Cuando una de las partes se oponga a la inspección ordenada para conocer sus condición física o mental o no exhiba un documento físico o electrónico que se le solicita, se tendrá por cierto el hecho pretende acreditar el oferente.

Diligencias para mejor proveer

Adicionalmente, el Código establece en el capítulo relativo a las acciones colectivas, que el juez, puede valerse de medios probatorios estadísticos, actuariales o de cualquier otro derivado de los avances de la ciencia y que cuando lo considere conveniente, de oficio o por petición de parte, puede solicitar a las partes la presentación de información o medios probatorios necesarios para MEJOR PROVEER, así como la elaboración de estudios o medios probatorios con cargo al Fondo que regula el artículo 902 del mismo Código.

PRUEBAS EN PARTICULAR

1. DECLARACIÓN DE PARTE PROPIA O CONTRARIA

El Código regula dos tipos de declaraciones:

- Declaración de parte contraria.
- Declaración voluntaria de parte propia.

La declaración de parte contraria sustituye lo que conocemos como PRUEBA CONFESIONAL, aunque conserva algunos rasgos . Es a cargo de las partes (actor y demandado), quienes deben responder al interrogatorio que le formula su contraparte y su objetivo es que quien declare aporte información de calidad al tribunal y confiese los hechos motivo de la controversia.

En cambio, la declaración de parte contraria es una declaración que debe desahogar el propio oferente. Es una declaración del propio oferente de la prueba.

Las preguntas del interrogatorio que se formule para el desahogo de ambas pruebas se sujetan a las siguientes reglas:

- Pueden formularse cerrada o abiertas.

  En la primera respuesta debe ser categórica en sentido afirmativo o negativo.

  En la segunda, se puede responder sin necesidad de afirmar o negar el hecho en forma categórica, por lo que su respuesta puede ser "abierta" al igual que la pregunta.

- Se formulan en forma libre y directa, dirigidas a probar hechos objeto del debate.
- Se deben formular en términos sencillos, claros y precisos, no serán insidiosas.

- Deben relacionarse con los hechos percibidos O DEL CONOCÍ-MIENTO del que responde, no debe comprender conceptos subjetivos u opiniones.
- No deben referirse a cuestiones de Derecho o desconocidas técnicamente por quien responde

1.2. Desahogo de la prueba

Ambas declaraciones se desahogan conforme estas reglas:

- Se desahoga primero la de la actora y luego de la demandada, en la misma audiencia y sin asistencia legal.
- Concluido el interrogatorio, la contraria tiene derecho a formular preguntas a quien lo interpela.
- La contraparte puede objetar las preguntas, exponiendo el argumentos en el que se base.
- Si quien objeta le pregunta asiste a su representado sobre cómo responderla, se tendrán por presuntamente ciertos los hechos que se pretende demostrar con la prueba.
- Si no asiste el que debe responder el interrogatorio de declaración de parte contraria, no responde, responde con evasivas u omite responder categóricamente, a pesar de haber sido apercibido, se tendrán por ciertos los hechos que se pretenden demostrar con esa prueba.
- Si la parte que ofreció la declaración voluntaria no asiste a la audiencia, se declara desierta la prueba.
- Si varias personas deben responder al interrogatorio, las diligencia se practicará separadamente, evitando que las partes se comuniquen entre sí.
- La declaración de parte a cargo de una persona física debe rendirse en forma personal. (No mediante apoderado)

- Tratándose de persona jurídicas, no procede la declaración voluntaria.

2. DECLARACIÓN DE TESTIGOS

Esta prueba se ofrece y desahoga con objeto de presentar al tribunal el testimonio de las personas que tuvieron conocimiento de los hechos motivo del litigio. Toda persona que no tenga impedimento legal y sea conocedora de los hechos que las partes deben de probar, están obligadas a declarar como testigos.

2.1. Ofrecimiento

El ofrecimiento de la prueba no está sujeta a ningún requisito en particular, salvo por la obligación que tenemos al momento de narrar los hechos, de indicar el nombre y domicilio de los testigos que los presenciaron y con toda precisión el hecho hechos que se tratan de demostrar con esta prueba

Según el Código que el juez está obligado a recibir AL MENOS DOS TESTIGOS POR CADA HECHO que se pretende acreditar y si se ofrecieran más de dos, puede prevenir al oferente para que reduzca el número de testigos. Sin embargo, el Código lo establece limitativamente que solamente pueda ofrecerse dos testigos por cada hecho.

En caso de que el oferente no pueda por si mismo presentar a los testigos a declarar, puede solicitar al tribunal que lo cite, apercibiéndole que en caso de no comparecer se le impondrán medios de apremio. Al solicitar la declaración de este testigo, que comúnmente se conoce como TESTIGO HOSTIL, es necesario indicar su nombre y domicilio y las causas por las que no es posible presentar al testigo, lo cual será calificado por el tribunal.

El testigo hostil debe ser citado por el tribunal con dos días de anticipación al día en que deban declarar, sin contar el de la notificación, el siguiente hábil en que surte efectos, ni el de la audiencia. Si el testigo no asiste, se le cita nuevamente y se fija fecha nuevamente para el desahogo de la prueba y si nuevamente no comparece, se declara desierta la prueba.

Tampoco existe la necesidad de exhibir el pliego de preguntas que deben responder los testigos, salvo el caso de que se trate de autoridades, en cuyo caso la prueba se desahoga por oficio, o en caso de que la prueba se vaya a desahogar por medio de exhorto, cuando el testigo resida fuera del lugar del juicio, porque en este caso el juez que conoce del juicio debe calificar previamente las preguntas que se formularán a los testigos en el desahogo de la audiencia ante al juez exhortado. En este caso es necesario exhibir el interrogatorio y la contraparte tendrá derecho de formular repreguntas, que serán calificadas, ambas, por el juez.

2.2. Desahogo de la prueba

La prueba se desahoga con la presencia en el tribunal del oferente; los testigos y la contraparte. Durante la audiencia de desahogo el testigo debe protestar conducirse con la verdad y el juez le hará saber las penas para quienes declaran con falsedad, procediendo a tomar sus datos generales de identificación.

Luego se procede al interrogatorio, separando a los testigos para que no puedan comunicarse entre sí y no escuchen las preguntas que se han formulado al otro testigo y sus respuestas.

Las preguntas se formulan en forma oral. La contraparte tiene derecho de objetar las preguntas exponiendo las razones para ello, antes de que se emita la respuesta y se da oportunidad a quien la formula para defender la legalidad de esa pregunta, resolviendo el juez lo que proceda, pero el oferente tiene derecho a reformular la pregunta, atendiendo las causas por las que fue rechazada.

La preguntas deberá formularse en términos sencillos, claros y precisos; deberán dirigirse a los hechos controvertidos objeto de la prueba; podrán destinarse a desacreditar la credibilidad o idoneidad de quien declara; será libre y directo.

Una vez calificada la pregunta, el testigo debe dar respuesta, según haya tenido conocimiento de los hechos.

El testimonio de cada persona comprende las siguientes etapas de preguntas y repreguntas:

- Examen: La preguntas que formula el oferente para justificar la credibilidad e idoneidad del testigo.
- El interrogatorio por el oferente de la prueba. Las preguntas tendientes a acreditar los hechos por parte del oferente.
- Contrainterrogatorio a cargo de la contraparte. Tendiente a desvirtuar la credibilidad e idoneidad del testigo, así como de su declaración.
- Reinterrogatorio a cargo del oferente de la prueba, con el fin de destruir los efectos del contrainterrogatorio,
- Recontrainterrogatorio a cargo de la contraparte, con el único fin de destruir los efectos del reinterrogatorio.

En los dos últimos supuestos no deben agregarse preguntas que debieron formularse con anterioridad.

El testigo deberá responder a todas las preguntas, y en caso de negativa o se responde con evasivas, a petición de parte, el juez lo debe requerir para que responda.

El juez puede formular las preguntas que estime siempre que sean de naturaleza aclaratoria, sin incorporar información adicional que correspondía generar a las partes involucradas y garantizando, ante todo, el principio de igualdad e inmediación.

2.3. Tachas

No se permite la tacha de testigos, pero están permitidas las preguntas para destruir su idoneidad y credibilidad, momento en el cual, podrán exhibirse y ofrecerse, en su caso, pruebas documentales para justificarlo.

3. LA PRUEBA PERICIAL

3.1. Ofrecimiento de la prueba

La prueba pericial se ofrece cuando se pretende acreditar hechos que requieren conocimientos especiales en alguna ciencia, arte, técnica o industria, expresando el nombre y domicilio del perito; hechos de que trata y los puntos que debe resolver el perito.

Los peritos deben tener título si legalmente se requiere para el ejercicio de su profesión, arte u oficio. Si no está reglamentada o si no existe en el lugar del juicio ninguna persona que tenga título legalmente expedido, podrá nombrarse a cualquier persona que tenga conocimiento sobre la materia de la prueba.

Para el ofrecimiento de la prueba se siguen las siguientes reglas:

1. Si se ofrece en la demanda, la contraria debe designar su perito al contestar la demanda, además debe proponer la ampliación de los puntos que los peritos deben resolver.
2. Si se ofrece al contestar la demanda, la contraria debe designar a su perito en la misma forma del párrafo anterior al contestar la vista.

3. Si se ofrece en el desahogo de la vista con excepciones y defensas, la contraria lo designará dentro del término de tres días.

3.2 Desahogo de la prueba

Tomando en consideración que el Código Nacional en el apartado de las acciones colectivas prescribe que las pruebas se deben desahogar en la AUDIENCIA DE JUICIO, a continuación apuntamos la porción normativa aplicable a la prueba pericial a partir de que debe desahogarse en esta audiencia:

1. Si está correctamente ofrecida, el juez admitirá la prueba y atendiendo a su complejidad, determinará un plazo de cinco a diez días para que las partes exhiban por escrito el dictamen respectivo, salvo que existiera causa bastante para modificar dicho término.
2. Si alguno de los peritos no exhibe su dictamen dentro del plazo señalado, precluirá su derecho para hacerlo y la prueba se desahogará con el dictamen que se tenga por rendido. Si ninguno de los peritos lo exhibe la prueba se declara desierta.
3. Las partes deben presentar a sus peritos en la audiencia de juicio, quienes deberán acreditar, bajo su responsabilidad, en ese momento, su calidad científica, técnica, artística o industrial con el original o copia certificada de su cédula profesional o los documentos respectivos.
4. Los peritos deben exponer de manera breve en forma verbal las conclusiones de sus dictámenes y responderlas preguntas que el juez o las partes les formulen.
5. El interrogatorio a los peritos sigue las reglas de la prueba testimonial.

6. En caso de no asistir a la audiencia el perito o los peritos designados por las partes, se procederá conforme a lo señalado en el apartado segundo.

PERITO TERCERO EN DISCORDIA

Puede suceder que los peritos al rendir su dictamen no coincidan entre sí sobre los puntos objeto de la prueba, en cuyo caso, debe nombrarse un Perito Tercero en Discordia.

El nombramiento de esta clase de peritos supone que cada una de las partes designó al suyo y que el peritaje de éstos difiere entre sí, por lo que es necesario nombrar un tercero en discordia, que pueda establecer a cuál de los dos peritajes antes rendidos debemos atender.

Este perito es nombrado por el juez a su elección.

4. PRUEBA DOCUMENTAL FÍSICA Y ELECTRÓNICA

Esta prueba refiere a los documentos que las partes exhiben en juicio para acreditar su acción o su excepción. Un documento es toda representación impresa de un hecho. El Código distingue los documento físicos y electrónicos, y a su vez los clasifica como públicos y privados.

Debemos destacar que el Código, aplicando el principio de equivalencia funcionales, establece que "las pruebas documentales físicas o electrónicas recibirán el mismo trato".

Por cuanto a los documentos públicos, enumera los que son considerados como tales, en donde incluye, entre otros más, "las escrituras públicas, pólizas y actas otorgadas ante notaría pública o corredor público y los testimonios y copias certificadas de dichos documentos, firmadas en forma autógrafa o con firma electrónica avanzada, así como Las certificaciones de las actas del estado civil expedidas por las autoridades jurisdiccionales, funcionarios públicos del registro civil o dependencia pública de acuerdo con cada entidad federativa, y las certificaciones que sean expedidas por medios manuales o electrónicos que cuenten con la firma autógrafa digitalizada o firma electrónica avanzada de las personas facultadas para ello de constancias existentes en los libros correspondiente, ... documentos auténticos, libros de actas, estatutos, registros y catastros que se hallen en los archivos públicos, o los dependientes del Gobierno Federal, de los Estados, de los Ayuntamientos, con firma original o electrónica autorizada ..." (Artículo 312)

El *documento privado* lo define como aquel que otorgan los particulares sin intervención de notario público o un funcionario dotado de fe pública, o legalmente autorizado para certificar tal documento y aquellos que provengan de terceros que el Código no reconozca como documentos públicos.

Los documentos públicos procedentes del extranjero deben legalizarse por las autoridades diplomáticas o consulares en los términos que establezcan los tratados y convenciones de los que México sea parte, la Ley del Servicio Exterior Mexicano y demás disposiciones aplicables.

De la traducción de los documentos que se presenten en idioma extranjero, se mandará dar vista a la parte contraria por un plazo de tres días, para que manifieste si no estuviere conforme presente una traducción realizada por perito traductor y Si la traducción presentada por ambas partes fuese distinta en aspectos relevantes el tribunal nombrará traductor. Si la parte contraria estuviere conforme con la traducción o no contestare la vista, se le tendrá por conforme.

4.1. Ofrecimiento de la prueba

Los documentos –públicos y privados, físicos o electrónicos– deben exhibirse al momento de ofrecerlos como prueba, en la demanda, su contestación y en su caso en el escrito de contestación de la vista, agregando las siguiente reglas para el caso de que los documentos no se agreguen a dichos escritos:

Cuando estos documentos estén a su disposición, deberá realizar todas las gestiones necesarias para obtenerlos, acreditando haberlo hecho al ofrecerlos para que la autoridad jurisdiccional emita las orden necesarias para que se remitan al tribunal.

Si la información que no está a su disposición expresará el archivo o documento físico o electrónico en que se encuentre para que la autoridad obre en los términos antes apuntados.

Los documentos privados, dice el Código, deben exhibirse en original. Esta regla también es aplicable a los documentos públicos, aun cuando muchos de ellos constan en copia certificada, en cuyo caso debemos exhibir el original de esa copia certificada.

Si ofrecemos como prueba un documento privado, podemos solicitar su reconocimiento.

Solo puede reconocer un documento el que firma, el que lo manda extender, su legítimo representante o el apoderado con cláusula especial. Para el reconocimiento de los documentos se debe poner a la vista de la persona a la que se le imputa, para que manifieste si lo reconoce, siguiendo las reglas de la prueba de la declaración de parte.

4.2. Objeción de documentos

En las acciones colectivas, las pruebas se admiten mediante una resolución del tribunal, no en la audiencia preliminar, por lo que considero que los documentos deben ser objetados por cuanto a su alcance y valor probatorio de la siguiente manera, siguiendo las reglas que el mismo Código establece para el caso de que se objete la autenticidad de los documentos:

Los que presenten el actor, serán objetados por el demandado al contestar la demanda; los que presente el demandado, deben ser objetados por el actor al dar contestación a la vista, y los que exhiba el actor al contestar la vista, dentro de los tres días siguientes.

Podemos considerar también la posibilidad de objetar los documentos dentro de los tres días siguientes al auto que los admite y fija fecha para la celebración de la audiencia de desahogo. Si en este momento el juez no los tiene por objetado, lo haremos nuevamente en la audiencia de desahogo.

La objeción debe hacerse por escrito, indicando con precisión las razones por las que se objeta el documento, sus firmas o su contenido.

En caso de que se objete o dudemos de la autenticidad de la firma que calza un documento o de su letra, podemos pedir su cotejo. Para este efecto, debemos indicar un documento en donde aparezca una firma o letra que se consideren como "indubitados o indubitables para el cotejo". Una firma o letra indubitable para el cotejo, se refiere a aquéllas respecto de la cual no exista duda sobre su autenticidad. El Código establece los documentos, firmas y huellas digitales que se considera indubitables para el cotejo.

4.3. Falsedad de documentos

La objeción de falsedad de un documento sigue las siguientes reglas:

- Los exhibidos en la demanda: la parte demandada al contestar la demanda debe oponer la falsedad, ofreciendo las pruebas conducentes y la actora responderá en el escrito de desahogo de vista.
- Los exhibidos al contestar la demanda: el actor debe promover la impugnación al desahogar la vista y ofrecer las

pruebas para ello, dando vista por tres días a su contraria para el derecho de réplica.

- Los exhibidos al contestar la vista por el actor: la demandada podrá impugnarlos dentro del término de tres días contados a partir del acuerdo en que se tienen por exhibidos, siguiendo las mismas reglas antes apuntadas.

4.4. Desahogo de la Prueba

La prueba se tiene por desahogada por su propia naturaleza. Esto significa que salvo que se solicite la ratificación de un documento, la prueba no requiere de un acto formal para su desahogo, simplemente se agrega al expediente y produce efectos legales.

5. LA INSPECCIÓN JUDICIAL

El Código Nacional de Procedimientos Civiles regula la prueba de inspección judicial a partir de que habrá de desahogarse en un procedimiento por audiencias, por ello contiene disposiciones relativas a su desahogo durante la audiencia de juicio, que no existen en los procedimientos escritos, como el caso de las acciones colectivas.

Esta prueba debe ofrecerse cuando es necesario que el juez aprecie con sus sentidos algún hecho que constituye un elemento de la acción o de la excepción que no requieran conocimientos técnicos especiales, cuando esto pueda servir para aclarar o fijar hechos relativos a la contienda. El desahogo de esta prueba tiene la ventaja de que el juez en forma objetiva aprecia con sus sentidos los hechos objeto del debate.

Al ofrecerla debemos indicar los puntos sobre los que va a versar. Para ello, debemos expresar detalladamente los bienes objeto de la prueba y los hechos objeto de la inspección, elaborando, a manera de cuestionario, una lista de los puntos, hechos o circunstancias que deseamos que el juez aprecie directamente. Es importante detallar todos los hechos objeto de la prueba, porque el juez se limita a dar respuesta a ellos. Los planteamientos que no estén contenidos en el ofrecimiento de la prueba, no pueden ser objeto de la prueba.

5.1. Desahogo de la Prueba

Para el desahogo de esta prueba, el juez debe fijar día y hora para la celebración de la audiencia y el lugar en donde se llevará a cabo. Al lugar donde se va a desahogar esta prueba deben asistir el juez personalmente y las partes, las cuáles pueden hacer en ese momento las observaciones que consideren oportunas, así como, en su caso, los peritos o testigos. El juez debe levantar el acta en donde se especifique el resultado de la inspección, la cual será firmada por las personas que estuvieron presentes en su desahogo.

En el caso de haberse solicitado la elaboración de planos o toma de fotografías, estás deberán incorporarse necesariamente en audiencia respectiva.

Si no se presenta a la audiencia la parte interesada, la prueba dejará de recibirse.

6. LA PRUEBA DE INFORMES

El Código define el informe como un medio de prueba autónomo, que consiste en la rendición de datos, a través de un comunicado que debe contener la información que la parte oferente de la prueba proponga, o que el juzgado requiera oficiosamente y que la persona informante tenga a su disposición, en cualquier fuente que la pueda contener, ya sea electrónica o documental.

Los informes que se soliciten deberán versar sobre puntos claramente individualizados y referirse a hechos o actos que resulten de la documentación, archivo o registro de la persona informante.

La contraparte podrá formular las peticiones tendientes a que los informes sean completos y ajustados a los hechos a que han de referirse.

7. LA PRUEBA PRESUNCIONAL

Una presunción es un proceso a través del cual a partir del conocimiento de un hecho cierto y conocido, se llega al conocimiento de uno desconocido, en razón del nexo lógico y natural que existe entre uno y otro.

La prueba presuncional puede ser legal y humana.

La presunción legal existe cuando la Ley presume expresamente la existencia de un hecho desconocido a través de la existencia de un hecho cierto y conocido. Como ejemplos de esta clase de presunción podemos incluir las siguientes: La posesión de un bien mueble, presume su propiedad; la propiedad de un bien inmueble presume la propiedad de todos los bienes que se encuentran en su interior; la buena fe también constituye una presunción legal; en el pago de deudas periódicas, el comprobante de pago de la última supone el pago de las anteriores.

La presunción humana existe cuando de un hecho debidamente probado se deduce otro que es consecuencia ordinaria y necesaria de aquél. Por ejemplo, si probamos que en un lugar cerrado se encontraba un objeto y que una persona entró y salió, y posteriormente el objeto ya no se encuentra en ese lugar, presumimos que esa persona lo sustrajo.

Quien tiene a su favor una presunción legal, acreditada mediante un hecho cierto y conocido, sólo está obligado a probar el hecho en que se funda esa presunción, porque el hecho desconocido se deduce del primero, y ya no es necesario probarlo. En algunas ocasiones es imposible probar un hecho, pero si éste se desprende de una presunción, se tiene así por probado.

Según el Código, NO se admite prueba contra la presunción legal, cuando la Ley lo prohíbe expresamente y cuando el efecto de la presunción es anular un acto o negar una acción.

Toda presunción humana admite prueba en contrario.

8. FOTOGRAFÍAS, COPIAS FOTOSTÁTICAS, Y OTROS ELEMEN-TOS DE PRUEBA

Para acreditar hechos o circunstancias en relación con el negocio que se ventila, las partes pueden presentar otros medios de prueba que no estén expresamente reconocidos y regulados en el Código, como videos, fotografías, cintas cinematográficas, disquetes o discos compactos, de sistemas computacionales, grabaciones de imágenes y sonidos, así como la información generada o comunicada que conste en medios electrónicos, magnéticos, ópticos, u otros medios de reproducción; o bien, copias digitales, impresiones de documentos electrónicos, simples o al carbón, documentos taquigráficos; registros dactiloscópicos, fonográficos, y en general, cualesquiera otros elementos proporcionados por la ciencia y la tecnología, que puedan producir convicción en el ánimo de la autoridad jurisdiccional.

Quien pretenda utilizar estos medios de prueba, debe proporcionar al Tribunal los medios necesarios para apreciar los hechos en ellos contenidos.

9. LA INSTRUMENTAL DE ACTUACIONES

Se refiere a las constancias que obran en autos, es decir al expediente mismo formado con motivo del proceso, y consecuentemente a todos los elementos de juicio que puedan obtenerse del mismo.

El juez debe tomarlos en consideración, aun cuando las partes no los ofrezcan como prueba.

VALOR JUDICIAL DE LAS PRUEBAS

Según el artículo 343 del Código Federal el juez apreciará la prueba según su libre convicción extraída de la totalidad del debate y la instrumental de actuaciones, lo harán de manera libre, lógica y basada en la experiencia, exponiendo la motivación racional de las pruebas desahogadas tanto en lo individual como en su conjunto, salvo que se hayan desestimado, indicando las razones que se tuvieron para hacerlo.

Establece además las siguiente reglas respecto de pruebas específicas:

1. Los documentos públicos hacen prueba plena.
2. Los documentos privados no objetados, o de aquellos de los que no se demuestre la obligación harán prueba plena.
3. El reconocimiento de documentos hace prueba plena
4. Las presunciones legales hacen prueba plena, salvo que existan otras que la contradigan o el presente Código Nacional disponga lo contrario.
5. Se reconoce como prueba la información generada o comunicada que conste en medios electrónicos, ópticos, digitales, una cadena de bloques o cualquier otra tecnología.

Para valorar la fuerza probatoria de la información a que se refiere el artículo anterior, se estimará primordialmente la fiabilidad del método en que haya sido generada, comunicada, recibida o archivada y, en su caso, si es posible atribuir a las personas obligadas el contenido de la información relativa y ser accesible para su ulterior consulta.

Cuando la ley requiera que un documento sea conservado y presentado en su forma original, ese requisito quedará satisfecho si se acredita que la información generada, comunicada, recibida o archivada por medios electrónicos, ópticos, digitales, cuánticos o de cualquier otra tecnología, se ha mantenido íntegra e inalterada a partir del momento en que se generó por primera vez en su forma definitiva y ésta pueda ser accesible para su ulterior consulta.

La información, documentos electrónicos o mensajes de datos contenidos o almacenados en una cadena de bloques pública hacen prueba plena, siempre que no existan circunstancias fehacientes de que los registros vinculados en la cadena de bloques han sido vulnerados o manipulados sin autorización, o no son confiables.

LA ETAPA DE ALEGATOS

Como ya vimos anteriormente, la audiencia de juicio que regula el Código Nacional, a la que remite en el apartado de las acciones colectivas, comprende cuatro etapas: (Artículo 466 a 468)

1. Alegatos de apertura de las partes, para exponer sus respectivas teorías del caso.
2. Desahogo de pruebas en el orden que el juez establezca
3. Alegatos de cierre.
4. Enseguida se declarará el asunto visto ...".

En los procedimiento de acciones colectivas regulados por el Código Nacional los alegatos serán expresados en forma oral, durante el desahogo de la audiencia de juicio.

Los alegatos consisten en un argumento. Argumentar consiste en dar razón en un sentido acerca de un hecho determinado.

El argumento contiene tres elementos:

- Introducción o planteamiento
- Desarrollo
- Conclusión

En los alegatos, cada una de las partes debe fijar su posición en el proceso, haciendo un razonamiento lógico jurídico sobre los elementos de su acción o excepción y los medios de prueba que a su juicio son bastantes para tener por acreditados los que a la parte que formula alegatos corresponde, así como las razones por las cuáles considera que no quedaron acreditados los elementos de la acción o excepción de la contraria, combatiendo los medios de prueba aportados.

El argumento debe ser claro y preciso, que lleve al Juez a la conclusión de que la sentencia debe ser favorable a quien los formula. La expresión de alegatos requiere un conocimiento pleno de toda la información disponible en la Doctrina, la Jurisprudencia y la Ley respecto de la acción o excepción que intentamos.

Agotada esta etapa procesal, el juez debe dictar sentencia definitiva dentro de los 30 días siguientes. [Artículo 873]

Excusas y Recusaciones

Para guardar equilibrio entre las partes, tanto el juez, como el magistrado o secretario que conocen del proceso deben ser imparciales. Existen casos en los que se puede considerar que tienen interés directo o indirecto en beneficiar a alguna de las partes, en cuyo caso, deben excusarse de su conocimiento, para que sea otra persona a la que se le encomiende la atención del proceso.

El artículo 111 del Código establece que se puede interponerse la recusación en cualquier estado del juicio, hasta antes de empezar la audiencia final, a menos de que, después de iniciada, hubiere cambiado el personal del tribunal.

Además en el artículo 39 enumera los casos en que considera que un juez, magistrado o secretario están impedidos para conocer de un proceso, porque puede restarles imparcialidad y repercutir en el desahogo del procedimiento y en el resultado final del fallo.

En los casos en que un juez, magistrado o secretario se encuentre en alguna de las hipótesis que menciona ese artículo, debe abstenerse de manera voluntaria de intervenir en el conocimiento del proceso, pues es claro que su actuación será parcial y se verá inducido a favorecer a la persona con la que guarda alguna relación.

En estos casos deben excusarse de conocer el proceso. La excusa significa el reconocimiento voluntario de un impedimento, en cuyo caso el juez o magistrado se abstiene de intervenir y el proceso se encomienda a otra persona, juez o magistrado, que no tenga ese impedimento.

Si el juez, el magistrado o el secretario no reconoce en forma voluntaria el impedimento, entonces las partes tienen derecho de recusarlo para que se abstenga de conocer del proceso. (Artículo 47).

Las partes pueden recusar al juez, magistrado o secretario por alguna o algunas de las causas a que se refiere el artículo 39 del Código. Interpuesta la recusación, se suspende el procedimiento hasta que sea resuelta, para que se prosiga el negocio ante quien deba seguir conociendo de él. (Artículo 49)

La recusación se interpone por escrito ante el mismo juez o magistrado que conoce del proceso, debiendo expresarse con claridad la causa de la recusación. Debe desecharse toda recusación que no se interponga en tiempo o que no se funde en alguna de las causas establecidas por el artículo 39 antes apuntadas.

Una vez recibida la recusación, el juez o magistrado debe suspender el procedimiento y enviar el expediente a quien deba conocer de la recusación, acompañado de un informe sobre los hechos mencionados en el escrito en el que se interpuso la recusación; la falta de éste establece la presunción de ser cierta la causa de la recusación.

Capítulo Cuarto

La Sentencia

Contenido: 1. Introducción. 2. Alcance de la condena en la sentencia. 3. Incidente de liquidación. 4. Cosa Juzgada. 5. Representación fraudulenta. 6. Gastos y costas. 7. Medidas Precautorias y Medios de Apremio. 8. Fondo para la administración de los recursos provenientes de la condena en las acciones difusas. 9. Los incidentes en el Código Nacional

1. INTRODUCCIÓN

El juez debe dictar la sentencia dentro de los treinta días siguientes a la conclusión dela audiencia de juicio, resolviendo la controversia planteada conforme a derecho.

Las acciones colectivas pueden tener por objeto pretensiones *declarativas, constitutivas o de condena,* con base en dos principios, dice el Código Nacional: *reparación del daño integral y justa indemnización.* (Artículo 859)

- las primeras tienen por objeto obtener de la autoridad el reconocimiento de un derecho o de una relación jurídica ya existente, como la acción de prescripción que pretende que *se reconozca* que el actor adquirió la propiedad de un bien por el transcurso del tiempo.

- las segundas persiguen crear una situación jurídica que se genera cuando el juez dicta la sentencia, como la acción de divorcio que disuelve un matrimonio.

- las últimas tienen por objeto la condena al pago de una prestación de dar, de hacer o una abstención a favor del actor, por ejemplo la acción ejecutiva.

2. ALCANCE DE LA CONDENA EN LA SENTENCIA

En las ACCIONES COLECTIVAS, según se trate de cada una de ellas, el Código establece limitativamente las prestaciones a las que el juez en caso de que considere procedente la acción puede condenar al demandado, y cada uno de los integrantes de la colectividad debe después promover un incidente de liquidación, de manera que la sentencia solo establece la condena al pago, y su importe se determina a través del incidente que adelante analizaremos. La condena varía en cada una de las distintas acciones, como vemos a continuación:

a. Acciones difusas

Sólo podrá condenar al demandado a la reparación del daño causado a la colectividad, consistente en restitución de las cosas al estado que guardaban antes de la afectación, si esto fuere posible. [Artículo 881]

La restitución puede consistir en la realización de una o más acciones o abstenerse de realizarlas.

En materia ambiental y de consumo, el juez podrá imponer las medidas adicionales que considere pertinentes a efecto de asegurar que no se repita la conducta materia de la condena.

B. Acciones colectivas en sentido estricto

El juez podrá condenar al demandado a:

(1) la reparación del daño, consistente en la realización de una o más acciones o abstenerse de realizarlas y

(2) cubrir los daños en forma individual a cada uno miembro del grupo, según se determine en el incidente de liquidación que estudiaremos.

C. Acciones individuales homogéneas

El juez podrá condenar al demandado a:

(1) la reparación del daño, consistente en la realización de una o más acciones o abstenerse de realizarlas y

(2) cubrir los daños en forma individual a cada miembro del grupo, según se determine en el incidente de liquidación que estudiaremos.

Adicionalmente por tratarse de acciones colectivas, la sentencia debe contener:

1. El plazo prudente para que el demandado cumpla la sentencia, atendiendo a las circunstancias del caso.
2. Los medios de apremio que deban emplearse cuando se incumpla con la misma.
3. Los requisitos, bases y plazo para promover el incidente de liquidación.
4. La condena en gastos y costas que correspondan.

El Código Nacional hace mención que la sentencia debe ser notificada a la colectividad "*en los términos de los dispuesto en este Código*" sin más explicación. (a. 885)

Si bien me parece correcto que se haga del conocimiento de la colectividad el contenido de la sentencia, desde el punto de vista procesal resulta complejo establecer la validez de esa "notificación" que menciona el artículo 885 del Código, sobre todo dependiendo del medio que el juez estime idóneo para hacerla, pues a partir de ese momento debemos entender que la colectividad queda formalmente notificada de la sentencia e inicia a contar el plazo para el ejercicio de los derechos que le corresponden a cada individuo en particular, por ejemplo, el incidente de liquidación o el recurso de apelación que adelante veremos.

En ambos casos, tenemos una cuestión difícil de resolver a la luz del rigor de la estructura sistemática del Derecho Procesal tradicional en materia de notificaciones.

Contra la sentencia definitiva procede el recurso de apelación que debe interponerse dentro del plazo de *nueve días,* que dispone la parte general del Código, ese plazo contará a partir de la notificación de la sentencia en los términos apuntados.

Según el artículo 170 de Código, la sentencia definitiva debe contener:

1. el lugar, fecha, nombre de la autoridad jurisdiccional que las pronuncie y nombre de las partes contendientes,
2. el carácter con que litiguen
3. el objeto del pleito, y bastará que la autoridad jurisdiccional funde y motive su resolución en preceptos legales, su interpretación o principios jurídicos, de acuerdo con los artículos 14 y 16 de la Constitución Política de los Estados Unidos Mexicanos.

El Código contiene disposiciones especiales que el juez debe atender si alguna de las partes es persona, comunidad o pueblo originario, indígena y afro mexicana, como tomar en cuenta su derecho consuetudinario y constar en formato culturalmente adecuado para comunidades indígenas, anexando en su caso, una versión original e idéntica en la lengua originaria de que se trate, incluyendo si se trata de personas con discapacidad.

3. INCIDENTE DE LIQUIDACIÓN

Una vez que la sentencia cause ejecutoria, cada uno de los miembros de la colectividad debe promover este INCIDENTE DE LIQUIDACIÓN dentro del plazo de dos años. (Artículo 882)

Este incidente de liquidación debe promoverse de manera individual por cada miembro de la colectividad, de acuerdo a los requisitos y plazo que el juez debe fijar en la sentencia.

Agrega el Código que el representante común o cualquiera de las personas a que se refiere el artículo 862 de este Código Nacional podrá presentar el INCIDENTE DE LIQUIDACIÓN MASIVO en el que se debe probar el monto del daño sufrido por cada integrante de la colectividad. (Artículo 882)

El incidente debe promoverse en los términos que establece el Código para el trámite de los incidentes en general.

En este incidente, tratándose de acciones colectivas en sentido estricto e individuales homogéneas quien sea que la promueva, (en forma individual o masiva), es necesario probar en forma individual el daño sufrido por cada uno de los miembros de la colectividad, de manera que la sentencia es solamente un paso para dar lugar a la liquidación de la cantidad a pagar. En las acciones difusas, como hemos dicho, no existe el pago de daños en forma particular a los miembros de la colectividad.

También debemos suponer que el representante puede exigir este pago, aun cuando la entrega de la cantidad que le corresponda a cada uno, dice el Código, se hará en forma directa a los miembros de la colectividad en los términos que ordene la sentencia, PERO EN NINGÚN CASO A TRAVÉS DEL REPRESENTANTE COMÚN.

4. COSA JUZGADA

La sentencia tendrá efectos de cosa juzgada si no es recurrida, según, dice el artículo 891 del Código Nacional. Debemos entender también que tiene la calidad de cosa juzgada si después de haber sido recurrida, se confirma por la autoridad superior.

La expresión cosa juzgada tiene en materia procesal dos acepciones, la primera, se refiere al caso de un procedimiento que ha concluido con una sentencia que ya no es susceptible de modificación, se le denomina *sentencia firme, que ha causado estado o ejecutoria.* Se le identifica como "cosa juzgada" porque la cuestión debatida ya ha sido resuelta o juzgada en definitiva.

La segunda, se refiere a la excepción de cosa juzgada. Para que proceda es necesario que entre un caso resuelto por sentencia firme y aquél en que se invoca, haya identidad en la persona de los litigantes, en la calidad de actor y demandado, en las acciones y en las cosas o prestaciones reclamadas. Si las acciones son distintas, es suficiente con que provengan de una misma causa.

Cuando utilizamos esta expresión: "la sentencia tendrá efectos de cosa juzgada", nos referimos a que la cuestión que ha sido resuelta por la autoridad en un procedimiento que ha concluido con una sentencia firme, no puede ser sujeta de otro procedimiento en donde se ejercite la misma acción, por las mismas personas, reclamando las mismas prestaciones. Si de hecho se hiciere, el demandado puede oponer como excepción la cosa juzgada, que tiene como resultado dejar sin efecto el segundo procedimiento.

Esto tiene su razón de ser en función de la certeza que debe imperar en un procedimiento judicial que ha concluido con una sentencia firme. De lo contrario, quienes no obtengan sentencia favorable podría intentar indefinidamente la misma acción y la solución de los conflictos se volvería interminable.

Ahora tenemos que definir qué significa esta expresión tratándose de las acciones colectivas, y su alcance. A simple vista la expresión no tiene mayor grado de complejidad, pues intentada esta acción, una vez resuelta por sentencia firme, no puede ser intentada otra por las mismas personas, pues la primera sentencia produce efectos de cosa juzgada en el segundo procedimiento.

Sin embargo, la solución no es tan sencilla tratándose de las acciones colectivas, pues en este caso, debemos iniciar un análisis a partir del hecho de que el titular del derecho que se hace valer en juicio es una colectividad de personas, determinada o indeter-minada, pero una colectividad, no un sujeto en particular.

Entendemos que este derecho que pertenece a una colectividad –el derecho a un ambiente libre de contaminación– ha sido ejercido por un grupo de personas miembros de esa colectividad o por una entidad pública a la que nos hemos referido, pero no por todos los integrantes de esa colectividad, es decir, aquellos que no se adhirieron a la acción.

La cuestión a resolver es cómo el resultado de esta acción se hará extensivo a esos miembros de la colectividad que no participaron en el procedimiento en el que la acción ha sido declarada improcedente. ¿Aplicará para ellos la cosa juzgada en los casos en que la acción ha sido declarada improcedente? Según el rigor de los principios del derecho procesal, esta opción ultra partes o erga omnes nos parece inconcebible.

Cuando la acción ha sido declarada procedente parece resolverse de manera más sencilla a partir de la naturaleza del derecho protegido en esta clase de acciones, ya sea adhiriéndose a la sentencia o iniciando una nueva acción.

Los efectos de la cosa juzgada y su extensión erga omnes es considerada como un elemento esencial de las acciones colectivas y el punto fundamental que debe resolver la legislación, es determinar sus alcances contra terceros en los casos de que la acción se declare procedente o no.

No obstante, el Código –tratándose de las acciones colectivas– establece sin mayor explicación que la sentencia no recurrida, tendrá efectos de cosa juzgada, por lo que debemos suponer que este efecto de la cosa juzgada impacta no solamente a los miembros de la colectividad que presentaron la demanda, sino que produce efectos erga omnes, es decir, en contra de todos, de las partes en el proceso y de los terceros. Tan es así, que el propio Código establece como uno de los requisitos para la procedencia de la legitimación en la causa en el ejercicio de las acciones colectivas: "… que la materia de la litis no haya sido objeto de cosa juzgada en procesos previos con motivo del ejercicio de las acciones tuteladas en este título".

Consideremos el contenido del artículo 890 in fine que establece, contrario a lo que dispone el artículo 891, que Tratándose de derechos o intereses individuales de incidencia colectiva, la improcedencia de acción colectiva deja a salvo sus derechos para ejercerlos por la vía individual, de donde se desprende que en esta clase de acciones, no opera la cosa juzgada, pues a pesar de haber sido declarada improcedente la acción, cada uno de los miembros en forma individual puede intentarla nuevamente.

Tal vez el legislador no quiso entrar en controversias sobre los alcances de la cosa juzgada tratándose de esta clase de acciones y lo dejó a la interpretación de los operadores jurídicos. En legislaciones de otros países encontramos soluciones distintas sobre los efectos de la cosa juzgada, resolviendo que si la acción ha sido declarada improcedente, se dejan a salvo los derechos de los particulares para ejercer esta acción en forma individual, considerando que la autoridad de cosa juzgada opera exclusivamente en las acciones colectivas, pues si bien una vez resuelta una acción colectiva no se puede iniciar otra por los mismos hechos, en forma individual puede intentarse un nuevo juicio haya o no participado la persona en la acción colectiva.

En Derecho Mexicano la solución la encontramos en figura conocida como *cosa juzgada refleja*, que produce los mismos efectos que la cosa juzgada simple que conocemos.

A partir de la existencia de la cosa juzgada refleja, podemos apuntar que los efectos de una sentencia que resuelve la parte fundamental del litigio (la existencia o no del derecho y la afectación) le son oponibles a los terceros que no participaron el procedimiento en donde se dictó tal sentencia.

Esto es así, porque las acciones colectivas tienden a la protección de la colectividad en razón de la existencia o inexistencia del derecho y del daño causado por el acto en el que se hace consistir la demanda. No se trata de un derecho individual, sino de un derecho que corresponde a la colectividad. De manera que si la sentencia resuelve que no existe el derecho que se hace valer en juicio o que no hubo tal afectación, le será oponible a todas las personas que se encuentran en la misma situación que los miembros de la colectividad que interpusieron la demanda.

La existencia de cosa juzgada refleja ha sido conceptualizada por nuestro Máximo Tribunal de la siguiente manera:

> Cosa Juzgada Refleja. Se da la cosa juzgada refleja, cuando existen circunstancias extraordinarias que, aun cuando no sería posible oponer la excepción de cosa juzgada a pesar de existir identidad de objeto en un contrato, así como de las partes en dos juicios, no ocurre la identidad de acciones en los litigios; pero que no obstante esa situación, influye la cosa juzgada de un pleito anterior en otro futuro, es decir, el primero sirve de sustento al siguiente para resolver, con la finalidad de impedir sentencias contradictorias, creando efectos en

esta última, ya sean de manera positiva o negativa, pero siempre reflejantes.[1]

Aun cuando la figura de la cosa juzgada regulada en las acciones colectivas va más allá de los efectos tradicionales de la cosa juzgada en materia procesal, tal consecuencia se justifica para evitar sin sentido ventilar litigios que versan sobre un mismo hecho.

Si algunos miembros de una colectividad ejercen una acción colectiva basada en que una empresa contamina el ambiente por la emisión de residuos aparentemente contaminantes y se resuelve en esa acción que tales actos no constituyen contaminación alguna, resulta innecesario ventilar otro litigio en el que otros miembros de la misma colectividad (que no participaron en la primera) inicien otro procedimiento alegando el mismo hecho de la contaminación que ya ha sido resuelto como improcedente.

5. REPRESENTACIÓN FRAUDULENTA

El Código Nacional establece una figura denominada REPRESENTACIÓN FRAUDULENTA (artículo 886) y sin decir a que se refiere con ese concepto, prescribe lo siguiente, distinguiendo si en el asunto ya se dictó sentencia o no:

> "... cuando alguna de las partes o miembro de la colectividad, tenga conocimiento de que sus representantes ejercieron una representación fraudulenta en contra de sus intereses, podrán promover por la vía incidental, la remoción del representante y la reposición de las actuaciones viciadas dentro del procedimiento colectivo y hasta antes del dictado de la sentencia ... si se advirtiera después de dictada la sentencia, la autoridad ju-

---

1 Sexto Tribunal Colegiado en Materia Civil del Primer Circuito. I.6o.C. J/43 Semanario Judicial de la Federación y su Gaceta, 9ª. Época. Tomo XVIII, noviembre de 2003. Pág. 803. Jurisprudencia.

risdiccional reservará los derechos de las partes para hacerlos valer en la vía y forma que estimen procedentes.

El contenido de este artículo es trascendente porque da lugar a la reposición de las actuaciones viciadas de un proceso, privando de certeza al proceso judicial en perjuicio de las partes, así que impone implícitamente a cada parte la obligación de vigilar que la representación de la otra no sea fraudulenta, pues se puede ver perjudicada por la reposición de las actuaciones realizadas en vano.

Esta figura no es conocida en Derecho Mexicano por lo que el legislador debió al menos establecer en que consiste. Buscando en otras legislaciones, solamente encontramos algunos casos en que se utiliza con un sentido totalmente distinto, incompatible con el caso que nos ocupa.

Procuraré analizar el contenido de este artículo con estas consideraciones que no son más que una aproximación, quizá sin sustento, a la interpretación de su contenido:

1. La expresión "alguna de las partes" no se utiliza con el significado de parte actora o demandada, se refiere al actor o demandado y a cada uno de los miembros de la colectividad que encuentra que la representación fraudulenta afecta sus intereses. Los miembros de la colectividad pueden ejercer esta acción en forma individual o a través de un representante designado por el juez para que ejerza este recurso en forma colectiva.

2. ¿Qué debemos entender por representación fraudulenta? Desde el punto de vista jurídico, la representación es la facultad de actuar en nombre de otra persona; puede ser voluntaria o legal. Etimológicamente –del latín representatĭo– significa la acción o efecto de representar (Conjunto de personas que representan a una entidad, colectividad o corporación). "Fraudulenta" significa engañosa o falaz y fraude, del latín fraus, fraudis, significa

acción contraria a la verdad y a la rectitud, que perjudica a la persona contra quien se comete.

3. La representación fraudulenta no se refiere a la representación inadecuada, pues esta figura aparece claramente regulada en las disposiciones que establecen las acciones colectivas, así que debo suponer que se refiere a una figura distinta, pues en todo caso, el legislador hubiera utilizado el mismo concepto.
4. Podemos contemplar entonces dos supuestos:
   a) Que se refiere a la ausencia de la facultad para representar a alguno de los individuos que forman la colectividad (v.g. que exista un documento en donde expresa su adhesión a una acción colectiva y la firma es falsa) o indebidamente alguna persona se hace pasar como representante de otra.
   b) Que ejerza la acción para obtener una sentencia favorable al demandado, que posteriormente surta efectos de cosa juzgada en contra de los perjudicados y en consecuencia el demandado queda liberado de toda responsabilidad por los actos que realiza, que efectivamente dañan a la colectividad.
5. El Código no establece plazo para interponer este recurso, teniendo como único límite "*antes del dictado de la sentencia*".
6. El Código establece que la interposición de este recurso podrá realizarla el representante cuya designación ha sido autorizada por el juez. Lo que significa que los miembros interesados en interponer este recurso deben acudir ante el juez para hacérselo saber y proponer la designación de un representante para que lo interponga, a fin de que el juez autorice tal designación.

7. Cuando la "representación fraudulenta" se advierte después de haberse dictado la sentencia, cual es el procedimiento a seguir para hacer valer los derechos que la autoridad reserva a los miembros de la colectividad.

6. GASTOS Y COSTAS

Según el artículo 894 del Código Nacional en la acciones colectivas cada una de las partes –actor y demandado– debe cubrir sus gastos y costas, así como los honorarios de sus representantes, agregando que en la propia sentencia el juez debe incluir lo relativo a los gastos y costas que correspondan. Esta regla se aplica para todo tipo de acciones.

Para los honorarios del representante común y el representante legal de la parte actora, el Código establece un arancel especial al que deben sujetarse. No dice nada acerca de los honorarios que tiene derecho a cobrar el abogado de la parte demandada.

Debemos entender que existe la posibilidad de que tanto el representante legal (el abogado) como el representante común perciban honorarios, pues este artículo se refiere a ambos y el artículo siguiente hace mención a "los honorarios de los represen-tantes de la parte actora referidos en el artículo anterior".

Así encontramos que la actuación del representante común no está basada en un sentido de solidaridad social, pues además de pretender la satisfacción del daño personal causado, tiene interés en el pago de los honorarios que le pueden corresponder.

El representante legal y el representante común de la parte actora, podrán percibir por concepto de honorarios, como máximo, lo que se indica a continuación:

1. Hasta el 20%, si el monto líquido de la suerte principal no excede 200 mil UMAS. (Unidad de Medida y Actualización)
2. Sobre el excedente, hasta 2 millones de UMAS, se pagará hasta el 10%, y
3. Si el monto líquido de la suerte principal excede a 2 millones de UMAS serán de hasta el 11% sobre los primeros 2 millones y hasta el 3% sobre el excedente. [2]

Si las partes llegaren a un acuerdo para poner fin al juicio antes de la sentencia, los gastos y costas deberán estar contemplados como parte de las negociaciones del convenio de transacción.

Debo mencionar que el importe señalado es producto de la aparente intención de legislador de establecer un límite al importe que los representantes de la colectividad tienen derecho a percibir, para evitar el cobro excesivo por la prestación de estos servicios.

Sin embargo me parece que surte un efecto contrario, pues los aranceles de abogados en general establecen un promedio del 10% sobre la suerte principal y en el caso de las acciones colectivas, cuando la condena no exceda de 200 mil UMAS, el importe de los honorarios de los representantes puede llegar a alcanzar hasta el 40%, si tomamos en cuenta que cada uno de ellos tiene derecho a percibir hasta el 20%.

El artículo 895 establece la necesidad de determinar –liquidar– en ejecución de sentencia el importe de los gastos y costas

---

2 La lectura del artículo 894 nos hace ver que este porcentaje es el que corresponde a cada uno, es decir al representante legal y al representante común, pues no refiere que esta cantidad corresponda a ambos, lo que a su vez sería difícil distribuir entre ellos por la importancia de la intervención de cada uno en el proceso.

que debe cubrir la parte actora, por lo que debe promoverse un Incidente de Liquidación de Gastos y Costas que se sujeta a las siguientes reglas:

1. El juez debe determinar en la resolución que dicte dentro de este incidente, además de su monto, la manera como deben ser cubiertos los gastos y costas así como los honorarios de ambos representantes, procurando asegurar su pago.

   Cuando la acción de que se trate sea de interés social y hasta donde la disponibilidad de recursos lo permita, el pago se hará con cargo al Fondo a que adelante nos referimos

2. Si la sentencia establece una cantidad cuantificable, (deter-minada), la parte actora pagará entre el tres y el veinte por ciento del monto total condenado por concepto de honorarios a sus representantes según lo previsto con anterioridad.

3. El juez tomará en cuenta el trabajo realizado y la complejidad del mismo, el número de miembros, el beneficio para la colectividad y demás circunstancias que estime pertinente para determinar este monto, entre los parámetros que mencionamos.

4. Si el monto de la condena no fuere cuantificable, es decir, de cuantía indeterminada, por ejemplo en el caso de una acción difusa, el juez determinará el monto de los honorarios tomando en consideración los criterios establecidos en el apartado anterior.

7. MEDIDAS PRECAUTORIAS Y MEDIOS DE APREMIO

Según el Código Nacional (artículo 887) en cualquier etapa del proceso el juez puede decretar a petición de parte, medidas precautorias que tiendan a evitar que se cause un daño a la colectividad en tanto se resuelve el litigio.

Las medidas precautorias que puede decretar el juez, dice el artículo 610 del Código, son ordenar lo siguiente:

1. Que cesen los actos o actividades que estén causando o nece-sariamente hayan de causar un daño inminente e irreparable a la colectividad
2. Realizar actos o acciones que su omisión haya causado o nece-sariamente van de causar un daño inminente e irreparable a la colectividad
3. El retiro del mercado o aseguramiento de instrumentos, bienes, ejemplares y productos directamente relacionados con el daño irreparable que se haya causado, estén causando o que necesariamente hayan de causarse a la colectividad, y

Adicionalmente el juez puede decretar con las restricciones que mencionamos adelante, cualquier otra medida que considere pertinente para proteger los derechos e intereses de una colectividad.

Para dictar esas medidas precautorias, es necesario que se den los siguientes supuestos:

1. Que con ellas no se causen más daños que los que se causarían con los actos, hechos u omisiones objeto de la medida.
2. Que no se cause una afectación ruinosa al demandado.
3. Que el solicitante de la medida manifieste claramente cuáles son los actos, hechos o abstenciones que estén causando un daño o vulneración a los derechos o intereses colectivos o lo puedan llegar a causar.

4. Que se trate de casos urgentes en virtud del riesgo de que se cause o continúe causando un daño de difícil o imposible reparación.

Si estas medidas se pudiera causar un daño al demandado, éste podrá otorgar garantía suficiente para reparar los daños a la colectividad, con lo cual cesarán tales medidas, salvo que se trate de una amenaza inminente e irreparable al interés social, a la vida o a la salud de los integrantes de la colectividad o por seguridad nacional.

Para hacer cumplir estas medidas o cualquier otra determinación, el juez de manera discrecional puede aplicar los siguientes medios de apremio: (Artículo 889)

1. Multa hasta por la cantidad equivalente a treinta mil UMAS, que podrá aplicarse por cada día que transcurra sin cumplimentarse lo ordenado por el juez.
2. Auxilio de la fuerza pública y la fractura de cerraduras si fuere necesario.
3. Cateo mediante orden escrita.
4. Arresto hasta por treinta y seis horas.

Si fuere insuficiente el apremio, se procederá contra el rebelde por el delito de desobediencia a una mandamiento de autoridad judicial.

8. FONDO PARA LA ADMINISTRACIÓN DE LOS RECURSOS PROVE-NIENTES DE LA CONDENA EN LAS ACCIONES DIFUSAS

De acuerdo al Código en las acciones difusas no existe la posibilidad de que se destine cantidad alguna para cubrir los daños que en forma particular se hayan causado a los integrantes de la colectividad.

El Código dispone la constitución de un Fondo (Artículo 901 y 902) con las cantidades provenientes de la condena en la sentencia de las acciones colectivas difusas. Este Fondo será administrado por el Consejo de la Judicatura Federal, que debe publicar anualmente el origen, uso y destino de sus recursos.

El importe de las cantidades del Fondo deberán ser utilizados exclusivamente para el pago de los gastos derivados de los procedi-mientos colectivos, así como para el pago de los honorarios de los representantes de la parte actora cuando exista un interés social que lo justifique y el juez así lo determine, incluyendo pero sin limitar, las notificaciones a los miembros de la colectividad, la preparación de las pruebas pertinentes y la notificación de la sentencia respectiva.

Los recursos podrán ser además utilizados para fomentar la investigación y difusión de las acciones y derechos colectivos.

9. LOS INCIDENTES EN EL CÓDIGO NACIONAL

No existe una definición precisa de un incidente, ni una regla para determinar cuáles son las cuestiones que deben plantearse en esta vía, salvo los supuestos que específicamente el Código establece que deben resolverse en la Vía Incidental.

Podemos definir un incidente como aquel que se plantea para resolver cuestiones que se promueven dentro de un juicio y tienen relación inmediata con el negocio principal. Se caracterizan porque se trata de cuestiones que deben resolverse con vista de la contraria; que en ellos se confiere oportunidad a las partes de promover pruebas para acreditar su procedencia y la oportunidad de alegar y porque se resuelve con una sentencia que se denomina interlocutoria.

El Código Nacional regula el trámite de "Los Incidentes" en el artículo 185 diciendo que cualquiera que sea su naturaleza, no suspende el procedimiento, se tramitan oralmente en el sistema de audiencias. Si se promueve en la etapa postulatoria (antes de la audiencia preliminar o de juicio) o fuera del sistema de audiencias, se hará por escrito.

La reglas para el trámite de los incidentes son los siguientes:

1. Lo que surjan en una audiencia, deben plantearse oralmente en ese momento, exponiendo los hechos, ofreciendo pruebas y la norma violada. El juez proveerá sobre su admisión en ese momento dando vista a la contraria para que dé respuesta en y ofrezca pruebas que deberán desahogarse en una audiencia especial en la que se resuelva la cuestión planteada.
2. Si la controversia planteada no requiere prueba, desahogada la vista se dictará la resolución en ese momento.
3. Los incidentes fuera del sistema de audiencias se tramitan por escrito con los mismos requisitos que hemos apuntado. Promovido el incidente se da vista a la contraria para que de contestación en un plazo de tres días. Las pruebas deben ofrecerse en los escritos en donde se promueve y se contesta el incidente, señalando fecha para su desahogo y expresión de alegatos, resolviendo en la misma audiencia.
4. Si la cuestión planteada no requiere prueba, desahogada la vista, deberá dictarse sentencia en un plazo de 5 días.

Los incidentes deben plantearse dentro del procedimiento principal, narrando los hechos en que se fundan, ofreciendo las pruebas conducentes para acreditar la procedencia de la cuestión planteada y los puntos petitorios.

La sentencia interlocutoria que resuelve un incidente se puede impugnar en primera instancia por medio del recurso de apelación, que debe interponerse en el plazo de tres días, pues como dijimos tiene la naturaleza de un auto. En segunda instancia no admite recurso, por lo que debe combatirse mediante el juicio de amparo.

Para evitar dilaciones innecesarias del procedimientos, el Código establece en el artículo 57 que los tribunales no admitirán nunca incidentes, recursos o promociones notoriamente maliciosos o improcedentes y los desecharán de plano, sin necesidad de mandarlos hacer saber a las otras partes, ni dar traslado, ni formar artículo.

Capítulo Quinto

Medios de impugnación

Contenido: Disposiciones Generales. 1. Aclaración de resoluciones judiciales. 2. Recurso de Reposición. 3. La Apelación. 4. La Queja

DISPOSICIONES GENERALES

El Código establece medios de defensa para las partes en contra de las resoluciones dictadas en los procedimientos en que intervienen. Cuando se dicta una resolución judicial, sea un auto o una sentencia, que consideramos que nos causa algún perjuicio porque viole alguna disposición legal, debemos impugnarla, a fin de que la resolución quede sin efecto o se modifique, y en su lugar se dicte otra correcta atendiendo a los argumentos que habremos expresado. Los recursos en general son medios de defensa que el Código establece en contra de las resoluciones del tribunal.

El Código reconoce los siguientes medios a través de los cuales podemos corregir algún error que se haya cometido al dictar una resolución o impugnarla formalmente:

1. Aclaración de Resoluciones Judiciales
2. Reposición
3. Apelación
4. Queja

Estudiaremos en este capítulo cada uno de los medios que mencionamos anteriormente, con la aclaración de que el Código no se regula este tema en el capítulo de las acciones colectivas.

1. ACLARACIÓN DE RESOLUCIONES JUDICIALES

Aun cuando no es considerado técnicamente como un recurso, el Código establece en el artículo 172 la posibilidad de solicitar la aclaración o adición de un auto o sentencia definitiva para aclarar alguna omisión sobre puntos discutidos, errores materiales o de cálculo, edad, nombre, ambigüedad, contradicciones evidentes, oscuridad de las expresiones o de las palabras, sin alterar su esencia.

El plazo para solicitarse es de tres días, puede hacerse a petición de parte o en forma oficiosa por el mismo tribunal. Con motivo de esta aclaración, no puede alterarse o variarse la parte substancial de la resolución judicial, es decir, no puede cambiarse el sentido de la resolución, porque esa es una cuestión de fondo, que debe resolverse mediante el recurso de apelación o de revocación.

Al promoverse debe indicarse con toda claridad la contradicción, ambigüedad u obscuridad de las cláusulas o de las palabras cuya aclaración se solicite, o la omisión que se reclame. El auto por el que se aclara una resolución se considerará parte integrante de la misma.

2. RECURSO DE REPOSICIÓN

El Código regula este recurso de reposición solo para resoluciones de segunda instancia (Artículo 927) lo que significa que en materia adjetiva no procede en primera instancia, expresando además que solo procede específicamente en contra de:

I. La admisión del recurso de apelación o su efecto.

II. El auto que niegue admitir una prueba en segunda instancia.

III. Contra de aquellas resoluciones que se dicten para reparar la violación procesal derivada de alguna apelación que hubiere resultado procedente, siempre y cuando causen un perjuicio irreparable y puedan trascender al sentido del fallo definitivo.

Debe interponerse dentro de los TRES DÍAS siguientes de aquél en que se hizo la notificación del auto objeto del recurso. El plazo se cuenta a partir de que surte efecto la notificación de la resolución que se impugna.

En el escrito donde se interpone debe identificarse el recurso que se plantea y la resolución objeto del mismo. Adicionalmente debe expresar los agravios o motivos de inconformidad que se hacen valer en contra de la resolución impugnada y anexarse copia simple del escrito para el traslado a la parte contraria.

Una vez interpuesto el recurso de debe dar vista a la contraria para que en un término de tres días exprese lo que considere acerca del recurso. Evacuada la vista o fenecido el plazo para hacerlo, sin más trámite, la autoridad de segunda instancia debe dictar la resolución sobre la cuestión planteada.

3. LA APELACIÓN

1. Disposiciones generales

El recurso de apelación tiene por objeto que un Tribunal de mayor jerarquía, distinto del que dictó la resolución motivo del recurso, es decir un Tribunal de Segunda Instancia, confirme, modifique o revoque la resolución impugnada. (Artículo 908 y siguientes)

Para comprender el recurso de apelación es conveniente precisar desde ahora el significado de los siguientes conceptos:

TOCA: Es el nombre que se da al expediente que se forma en segunda instancia con motivo de la apelación. Equivalente al expediente de primera instancia.

TRIBUNAL COLEGIADO DE APELACIONES: Es el nombre del tribunal de segunda instancia que conoce de la apelación. También se conoce con el nombre de Tribunal de Alzada o Tribunal de Apelación.

MAGISTRADO: Es el nombre que recibe el Titular de una Sala. También se conoce con el nombre de Ad-quem. Equivalente al juez en primera instancia que se conoce con el nombre de A-quo. También se identifican como El Superior y El Inferior, respectivamente.

AGRAVIOS: Son los motivos de inconformidad que se hacen valer en contra de la resolución impugnada. Un conjunto de razonamientos lógicos y jurídicos a través de los cuales se combate una resolución judicial.

Apelante. Es el nombre que recibe la persona que interpone el recurso. La contraparte no tiene un nombre específico.

2. Quien puede interponer el recurso de apelación

Pueden interponer este recurso cualquiera de las partes cuando consideran que la resolución impugnada les acusa algún agravio. La parte vencedora que no obtuvo todo lo solicitado puede apelar en lo que a estos puntos de la resolución se refiere.

2.1 Apelación Adhesiva

Quien que obtuvo sentencia favorable, puede adherirse a la apelación interpuesta al contestar los agravios, expresando los razonamientos tendientes a mejorar las consideraciones del juez en la resolución de que se trate. Con ese escrito, se da vista a la contraria por tres días para que manifieste lo que a su derecho corresponda.

La adhesión al recurso sigue la suerte de éste, al no ser una apelación independiente.

3. Forma de admitir el recurso de apelación

El recurso de apelación debe interponerse ante la autoridad que dictó la resolución impugnada. Puede admitirse para su trámite de la siguiente manera, dependiendo del contenido de la resolución que se impugna:

En efecto suspensivo

En efecto devolutivo

Por disposición del Código, la apelación en ambos efectos procede en los siguientes casos:

- Contra sentencias definitivas dictadas en juicios escritos, de acciones colectivas, y ordinarios orales civiles ...
- Contra la sentencias o cualquier otra resolución judicial que por su naturaleza suspenda, impida la continuación del juicio, le pongan fin o haga imposible su continuación, y
- Aquellas resoluciones judiciales señaladas expresamente por el Código

En cambio la apelación en efecto devolutivo procede contra:

...

- El auto que desecha el incidente de nulidad de actuaciones por defectos en el emplazamiento, la resolución que se dicte en el incidente y en donde la autoridad jurisdiccional de oficio decrete nulo el emplazamiento
- El auto que tenga por contestada o no la demanda principal o reconvencional
- Las sentencias interlocutorias que trasciendan al resultado del fallo
- La última resolución dictada para el cumplimiento de la sentencia definitiva
- Resoluciones que decreten providencias precautorias y medidas de aseguramiento
- En contra de la imposición de cualquier medida de apremio;

La apelación en efecto devolutivo, sólo se suspende la ejecución de la resolución a petición de parte, previa garantía, en los casos en que, de los autos o de las sentencias recurridas derive una ejecución que pueda causar un daño irreparable o de difícil reparación. Pero la parte contraria y perjudicada puede solicitar la no suspensión de la ejecución, otorgando a su vez contragarantía.

El plazo para interponer el recurso, siempre con expresión de agravios, es el siguiente:

Contra sentencia definitiva	9 días
Contra autos	5 días

El plazo se cuenta a partir de que surte efectos la notificación de la resolución objeto del recurso. Recuerde que las resoluciones dictadas en las audiencias se tienen por notificadas para los que estuvieron presentes o debieron haber estado, por lo que el plazo para interponer en este caso el recurso, inicia el día siguiente de su desahogo, independientemente del día en que se publica, en el supuesto de que no asistiéramos a la audiencia.

4. Contenido del escrito en donde se interpone el recurso

En todos los casos debe interponerse el recurso expresando los agravios que causa al recurrente la resolución impugnada. También, al apelar la sentencia definitiva se debe expresar agravios en contra de las resoluciones dictadas durante el procedimiento en contra de las cuales no procede recurso alguno, que les hayan causado un agravio y que trasciendan al resultado del fallo, exponiendo de qué manera trascienden al resultado de la sentencia.

El o los escritos en donde se interpone el recurso es necesario identificar la resolución objeto del recurso y el recurso que se interpone.

Adicionalmente debemos expresar las razones por las que consideramos que la resolución impugnada es violatoria de alguna disposición legal

Para ello debemos expresar la parte de la resolución que nos causa agravio y combatirla mediante el razonamiento jurídico de las causas por las que estimamos que es incorrecta y debe por ello revocarse y debemos establecer las consideraciones de hecho y de derecho suficientes para dejar sin efecto la resolución impugnada. Este razonamiento debe ser claro y preciso, suficientemente fundado en los hechos, la ley, la doctrina y la jurisprudencia

Aun cuando la importancia del escrito de expresión de agravios radica en su contenido y no en la forma, es conveniente seguir el procedimiento que a continuación se indica, para mejor comprensión:

1. Establecer un capítulo para relacionar brevemente los antecedentes del caso, haciendo una breve exposición de los hechos y de la resolución impugnada y posteriormente en un segundo capítulo o apartado expresar los agravios. En la exposición de los antecedentes y la resolución impugnada, debemos procurar introducir los razonamientos que posteriormente alegaremos como agravios. Recuerde que la persona a quien corresponde resolver el recurso no conoce de antemano el expediente y formará su juicio a partir de su lectura o de la exposición que el apelante hace de los antecedentes del caso.
2. Leer detenidamente la resolución identificando las violaciones cometidas en ella y los agravios que vamos a expresar en contra de cada violación, y cómo los vamos a fundar en los hechos, la ley, la doctrina o en la jurisprudencia para que sean procedentes.
3. Una vez identificadas las violaciones cometidas en la resolución y los agravios que vamos a expresar en contra de cada violación, procedemos a su redacción, expresando preferentemente un agravio por separado en relación a cada violación, exponiendo en cada caso la razón por las que la parte de la resolución a que nos referimos es contraria a derecho y el fundamento del agravio expresado.
4. La exposición de los agravios debe ser ordenada y sistemática, accesible en su lectura y su presentación, clara, concisa y convincente, para que de su lectura se desprenda de manera inobjetable la conclusión a que queremos llegar y las ideas que pretendemos expresar. En caso de que invoquemos alguna resolución de jurisprudencia, debemos cumplir con los requisitos establecidos para citarla.

Por otra parte, al dar contestación al escrito de expresión de agravios, debemos refutar a través de un razonamiento lógico jurídico todos y cada uno de los agravios expresados por la parte contraria y aportar elementos para sustentar la resolución impugnada. En la apelación existen dos posiciones encontradas, por una parte la del apelante, cuyo propósito es que una resolución que le causa perjuicio, sea revocada y quede sin efecto, para que en su lugar se dicte una que le favorezca, y por la otra, la de la contraparte, cuya intervención tiene por objeto que la resolución que le es benéfica, permanezca en los términos en que fue dictada.

5. Trámite del recurso de apelación

El trámite del recurso de apelación varía en primera instancia cuando se admite en efecto devolutivo o en ambos efectos como vemos a continuación.

Vamos a dividir este apartado para distinguir el trámite que se realiza ante el juez de primera instancia y el que se realiza en la segunda instancia de acuerdo a la clasificación apuntada:

5.1. A. En primera instancia

Al admitir el recurso, el juez debe señalar si lo admite en ambos efectos o sólo en el efecto devolutivo y dará vista a la contraria con lo agravios expuestos, para que los conteste dentro del término DE TRES DÍAS.

Contestados los agravios o vencido el plazo para hacerlo, si el recurso se admitió en ambos efectos, el juez debe remitir el expediente original físico o electrónico, incluyendo el escrito de apelación y su contestación, así como los soportes electrónicos de las audiencias.

En la apelaciones admitidas en efecto devolutivo deberá integrar un Testimonio de Apelación que debe contener el escrito de apelación y su respuesta, electrónico o físico, y dejar en el expediente original copia certificada de los escritos de apelación y de su contestación si lo hubiera.

En las segunda o ulteriores apelaciones, solamente formará el testimonio de apelación con las constancias faltantes entre la última apelación admitida y las subsecuentes hasta la apelación de que se trate.

5.1. B. Trámite del recurso en segunda instancia

De conformidad con el artículo 78 del Código " Los Tribunales Colegiados de Circuito, Tribunales Colegiados de Apelación y Plenos Regionales, así como la Suprema Corte de Justicia de la Nación, conocerán en segunda instancia, de los procedimientos en que resulte aplicable este Código y que sea competencia de los Juzgados de Distrito, en los términos disponga la Ley Orgánica del Poder Judicial de la Federación."

> La ley orgánica citada, establece en el artículo 35 lo siguiente:
> Los tribunales colegiados de apelación conocerán:
> ...
> De la apelación de los asuntos conocidos en primera instancia por los juzgados de distrito.

Recibidos los autos en segunda instancia por el Tribunal Colegiado de Apelación, se debe integrar digital o físicamente el toca respectivo con los documentos remitidos.

En la apelación en efecto devolutivo, con los testimonios que remita la autoridad jurisdiccional se formarán los cuadernos de constancias consecutivos que sean necesarios, a los que se seguirán agregando los subsecuentes testimonios que se remitan.

Una vez integrados los tocas de apelación, la segunda instancia califica la admisión del recurso y su efecto, y cita a las partes para PARA LA CELEBRACIÓN DE UNA AUDIENCIA ORAL se concede el uso de la palabra hasta por diez minutos a las partes para que realicen sus aclaraciones o resumen de agravios y su contestación.

Acto seguido se citará a las partes para oír sentencia.

Una vez dictada y firmada la resolución se debe señalar fecha para otra AUDIENCIA ORAL, en donde el magistrado ponente debe explicar de manera breve, clara y precisa, en lenguaje cotidiano, la resolución dictada y entrega a las partes copia simple de resolución, quedando notificados de la sentencia, la cual se publica por medio de lista.

6. Sentencia de segunda instancia

Ahora nos referimos específicamente a los pasos para dictar sentencia en segunda instancia.

El Tribunal Colegiado de Apelación puede confirmar la resolución impugnada, cuando permanece en los términos de la que fue dictada por el juez de primera instancia; puede modificarla, cuando varía su contenido pero no substancialmente su sentido, o bien, puede revocarla, cuando dicta otra en sentido distinto, dejando sin efecto la resolución objeto del recurso.

Los pasos a seguir para dictar la sentencia son los siguientes:

1. El Tribunal Colegiado de apelación debe estudiar primero las violaciones procesales que se hubiesen hecho valer al momento de interponer el recurso en contra de la sentencia definitiva. Si no se hicieron valer, entonces todos esos autos quedarán firmes.

2. Si encuentra que tales violaciones fueron trascendente al resultado del fallo, dejará sin efecto la sentencia de primera instancia y ordenará al juez que proceda a subsanar esa violación y reponga el procedimiento.

3. Si tales agravios no son procedentes o si no trascienden al resultado de la sentencia de primera instancia, el magistrado procederá a estudiar los agravios hechos valer en

contra de la sentencia y resolverá la procedencia o no de los mismos.

Esto significa que entrará al estudio del fondo del recurso de apelación en contra de la sentencia, con base a los agravios expresados y en vista de ellos, es posible que:

1. Confirme la sentencia, si los encuentra infundados.

2. La modifique, si los encuentra parcialmente fundados.

3. La revoque, si considera que los agravios son fundados.

La resolución de segunda instancia en los dos últimos casos se dicta *"con plenitud de jurisdicción"*. Esto consiste en que el tribunal de segunda instancia tiene amplias facultades para revocar o modificar en su caso la resolución impugnada y dictar otra que la sustituya y el tribunal de primera instancia debe dar cumplimiento a la resolución en los términos ordenados.

Cuando se dicta la sentencia de segunda instancia, se remite al tribunal de primera instancia un testimonio de la resolución de segunda instancia, y en su caso los autos originales del expediente, para que el juez de primera instancia dé cumplimiento a la resolución dictada. Este testimonio no es otra cosa que una copia de la sentencia dictada por la sala, autorizada por el secretario.

En contra de la sentencia del Tribunal Colegiado de Apelación no cabe ningún recurso ordinario, sólo el Juicio de Amparo. El término para interponer el Juicio de Amparo es de quince días *contados a partir de que se notifica la resolución del tribunal de apelación,* no a partir de que se publica en primera instancia la recepción del testimonio de apelación, porque legalmente el quejoso tiene conocimiento del acto reclamado (la sentencia de segunda instancia) cuando se le notifica (por lista o personalmente en la audiencia de lectura) por el tribunal de segunda instancia y el plazo para interponer el juicio de amparo transcurre a partir de que se tiene conocimiento del acto reclamado.

Aun cuando parece repetitiva esta aclaración, debemos tener especial cuidado, porque es común pensar que el término para interponer el Juicio de amparo transcurre a partir de que se nos notifica por el tribunal de primera instancia la resolución dictada por el tribunal de alzada, y para ese momento ya transcurrió con exceso el plazo para promover el juicio de amparo y consecuentemente la resolución de segunda instancia quedó firme, permanece intocada, y se procede a su ejecución.

Del recurso de amparo en contra de una sentencia definitiva, conoce un Tribunal Colegiado de Circuito. Este juicio de amparo se conoce como "directo" a diferencia del que se promueve en un Juzgado de Distrito, que se conoce como "indirecto" pues la resolución que se dicta en este caso es sujeto del recurso de apelación del que a su vez conoce un Tribunal Colegiado de Apelación.

4. LA QUEJA

Este recurso procede sólo contra las siguientes resoluciones:

- Contra la resolución que niegue la admisión de la apelación o adhesión a ésta; (Sustituye la denegada apelación)
- En contra de resolución que se emita para fijar el monto de la fianza tratándose de apelaciones en efecto devolutivo, y
- En los demás casos fijados por el Código Nacional.

Debe interponerse dentro de los ***tres días siguientes a la notificación del auto que se reclama***, expresando los motivos de inconformidad y se resuelve por el superior jerárquico del juez que dictó la resolución, en este caso, un Tribunal de Apelaciones.

Fuentes de Información

CAMARGO NASSAR, Javier Ignacio, Introducción al Proceso Oral Civil, Familiar y Mercantil, México, Editores Libertad, 2021.

CARPIZO MAC GREGOR, Jorge, Derechos Humanos y Ombudsman, UNAM, Instituto de Investigaciones Jurídicas.

CIENFUEGOS SALGADO, David y López Olvera, Miguel Alejandro (coords), Estudios en homenaje a Don Alfonso Nava Negrete, México, UNAM, Instituto de Investigaciones Jurídicas.

GIDI, Antonio, Las acciones colectivas y la tutela de los derechos difusos, colectivos e individuales en Brasil. Un modelo para países de derecho civil. Instituto de Investigaciones Jurídicas, Vol. 151.

FERNANDEZ RUIZ, Jorge, Servicios Públicos Municipales, UNAM, Instituto de Investigaciones Jurídicas-INAP, 1ª. ed. 2022.

SANTIAGO SANCHEZ, Federico Fabricio, Elementos para delimitar los servicios públicos en México, Biblioteca virtual del Instituto de Investigaciones Jurídicas, UNAM.

SILVA SILVA, Jorge Alberto, Manual para elaborar un libro de texto jurídico, México, Fontamara, 2017.

LEGISLACIÓN

Constitución Política de los Estados Unidos Mexicanos

Código Nacional de Procedimientos Civiles (7 de junio 2023)

Ley Federal de Competencia Económica

Ley General del Equilibrio Ecológico y la Protección al Ambiente

Ley Orgánica del Poder Judicial de la Federación

Ley Federal de Protección al Consumidor.

Proyecto del Código Nacional de Procedimientos Civiles

PUBLICACIONES DE INTERNET

http://www.bibliojuridica.org/libros/3/1134/6.pdf

http://a7.com.mx/enconcreto/editorialistas-nacionales/2973-llegaron-las-acciones-colectivas.

http://biblio.juridicas.unam.mx/libros/6/2544/29.pdf.
http://ssrn.com/abstract=903775.
http://biblio.juridicas.unam.mx/libros/6/2544/31.pdf.
http://biblio.juridicas.unam.mx/libros/3/1134/6.pdf
Suprema Corte de Justicia de la Nación www.scjn.gob.mx
Cámara de Senadores www.senado.gob.mx
Cámara de Diputados www.diputados.gob.mx